故宫经典　CLASSICS OF THE FORBIDDEN CITY
GUANYIN IN THE COLLECTION OF THE PALACE MUSEUM

故宫观音图典

故宫博物院编
COMPILED BY THE PALACE MUSEUM
故宫出版社
THE FORBIDDEN CITY PUBLISHING HOUSE

图书在版编目（CIP）数据

故宫观音图典／故宫博物院编 .—北京：故宫出版社，
2012.4（2014.4重印）
（故宫经典）
ISBN 978－7－5134－0214－9

Ⅰ．①故… Ⅱ.①故… ①观音－佛像－中国－古代－图
集 Ⅳ．①B949.92－64

中国版本图书馆CIP数据核字（2011）第254290号

编辑出版委员会

主　任　郑欣淼

副主任　李　季　李文儒

委　员　纪天斌　王亚民　陈丽华　宋纪蓉　冯乃恩
　　　　　余　辉　胡　锤　张　荣　胡建中　闫宏斌　朱赛虹
　　　　　章宏伟　赵国英　傅红展　赵　杨　马海轩　娄　玮

故宫经典
故宫观音图典

故宫博物院编
主　　编：冯贺军　王子林
撰　　稿：马云华　马晟楠　王子林　王中旭　田　军　冯贺军
　　　　　许晓东　阮卫萍　刘　岳　严　勇　罗文华　房宏俊
　　　　　胡国强　徐　巍　殷安妮（按姓氏笔画为序）
摄　　影：冯　辉　余宁川　刘志岗　赵　山
图片资料：故宫博物院资料信息中心
责任编辑：万　钧　孙　慧
装帧设计：北京颂雅风文化艺术中心
　　　　　郑子杰　刘冰莹
出版发行：故宫出版社
　　　　地址：北京东城区景山前街4号　邮编：100009
　　　　电话：010-85007808　010-85007816　传真：010-65263565
　　　　网址：www.culturefu.cn　邮箱：ggcb@culturefc.cn
制版印刷：北京雅昌彩色印刷有限公司
开　　本：889×1194毫米　1/12
印　　张：27
图　　版：446幅
版　　次：2012年4月第1版
　　　　　2014年4月第2次印刷
印　　数：3,001～6,000册
书　　号：ISBN 978－7－5134－0214－9
定　　价：360.00元

经典故宫与《故宫经典》

郑欣淼

　　故宫文化，从一定意义上说是经典文化。从故宫的地位、作用及其内涵看，故宫文化是以皇帝、皇宫、皇权为核心的帝王文化和皇家文化，或者说是宫廷文化。皇帝是历史的产物。在漫长的中国封建社会里，皇帝是国家的象征，是专制主义中央集权的核心。同样，以皇帝为核心的宫廷是国家的中心。故宫文化不是局部的，也不是地方性的，无疑属于大传统，是上层的、主流的，属于中国传统文化中最为堂皇的部分，但是它又和民间的文化传统有着千丝万缕的关系。

　　故宫文化具有独特性、丰富性、整体性以及象征性的特点。从物质层面看，故宫只是一座古建筑群，但它不是一般的古建筑，而是皇宫。中国历来讲究器以载道，故宫及其皇家收藏凝聚了传统的特别是辉煌时期的中国文化，是几千年中国的器用典章、国家制度、意识形态、科学技术，以及学术、艺术等积累的结晶，既是中国传统文化精神的物质载体，也成为中国传统文化最有代表性的象征物，就像金字塔之于古埃及、雅典卫城神庙之于希腊一样。因此，从这个意义上说，故宫文化是经典文化。

　　经典具有权威性。故宫体现了中华文明的精华，它的地位和价值是不可替代的。经典具有不朽性。故宫属于历史遗产，它是中华五千年历史文化的沉淀，蕴含着中华民族生生不已的创造和精神，具有不竭的历史生命。经典具有传统性。传统的本质是主体活动的延承，故宫所代表的中国历史文化与当代中国是一脉相承的，中国传统文化与今天的文化建设是相连的。对于任何一个民族、一个国家来说，经典文化永远都是其生命的依托、精神的支撑和创新的源泉，都是其得以存续和赓延的筋络与血脉。

　　对于经典故宫的诠释与宣传，有着多种的形式。对故宫进行形象的数字化宣传，拍摄类似《故宫》纪录片等影像作品，这是大众传媒的努力；而以精美的图书展现故宫的内蕴，则是许多出版社的追求。

　　多年来，故宫出版社出版了不少好的图书。同时，国内外其他出版社也出版了许多故宫博物院编写的好书。这些图书经过十余年、甚至二十年的沉淀，在读者心目中树立了"故宫经典"的印象，成为品牌性图书。它们的影响并没有随着时间推移变得模糊起来，而是历久弥新，成为读者心中的故宫经典图书。

　　于是，现在就有了故宫出版社的《故宫经典》丛书。《国宝》、《紫禁城宫殿》、《清代宫廷生活》、《紫禁城宫殿建筑装饰——内檐装修图典》、《清代宫廷包装艺术》等享誉已久的图书，又以新的面目展示给读者。而且，故宫博物院正在出版和将要出版一系列经典图书。随着这些图书的编辑出版，将更加有助于读者对故宫的了解和对中国传统文化的认识。

　　《故宫经典》丛书的策划，无疑是个好的创意和思路。我希望这套丛书不断出下去，而且越出越好。经典故宫藉《故宫经典》使其丰厚蕴涵得到不断发掘，《故宫经典》则赖经典故宫而声名更为广远。

编辑说明

一　本图录收录故宫各种质地的观音像，按照材质和形式，分铜雕、石雕玉雕、陶瓷、木雕牙雕犀角雕、绘画织绣五个篇章，顺序编排，其中铜雕又分汉传与藏传两类，汉传居前，藏传列后。汉传以中国传统纪年方法按时间先后排列，藏传因为有相当一部分来自印度、尼泊尔、斯里兰卡等异域，其时间以世纪表述。在藏传中有年号的或者汉地制造的依旧沿用传统纪年方式。

二　本图录由不同门类研究者分头撰写，在不违背客观表述的前提下，使用各门类习惯的称谓与叙述方式。如佛教造像的座子，有趺座、基座、台座等不同称谓，发愿文称铭记、铭文、造像记等，我们都尊重作者行文习惯。

三　观音的名号，有称观世音、官世音、光世音等多种，有的还在名称后面加上"菩萨"尊号，为了避免歧义，全书统称观音。

四　发愿文中不能释读或者模糊不清者以"□"表示，有些错写、漏写、颠倒等现象一般不在原文中纠正，这是为了保持造像原有的风貌，以准确反映当时造像的真实情况。情况特殊者在文字说明中略加解释。

目 录

汉传佛教中观音图像的演变与流传

冯贺军

一 观音经典与信仰

观音源自梵文 Avalokiteśvara，也译成"观世音"、"光世音"、"观自在"，是菩萨中地位最为煊赫的神祇。中国观音经典以曹魏嘉平四年（252 年）康僧铠所译《佛说无量寿经》为最早，西晋竺法护太康七年（286 年）所译《正法华经·光世音普门品》最受人们关注。此品宣称只要人们一心称诵观音名号，便能解脱七难（火、水、风、刀杖、鬼、枷锁、怨贼）、三毒（贪、瞋、痴）。而且观音还能化成 33 种形象，为众说法，解人危难。对一般信众而言，只需口诵观音名号，就能解除自身的苦难，故信之者不断增加。此一时期还出现了中国人自己编造的观音经典，也就是佛教史上所说的伪经。这些伪经以《高王观世音经》的流传最为广泛，最具代表性。据《集神州三宝感通录》载：

> 元魏天平中（534～537 年），定州慕士孙敬德防于北陲，造观音金像，年满将还，常加礼事。后为劫贼横引，禁于京狱，不胜拷掠，遂妄承罪，并断死刑，明旦行决。其夜，礼拜忏悔……少时，依稀如梦，见一沙门，教诵《观世音救生经》。经有佛名，令诵千遍，得度苦难。敬德欻觉，起坐缘之，了无参错，比至平明，已满一百遍。有司执缚向市，且行且诵，临欲加刑，诵满千遍。执刀下斫，折为三段，不损皮肉，易刀又折。凡经三换，刀折如初，监当官人莫不惊异，具状闻奏。丞相高欢表请其事，遂得免死，敕写此经传之，今所谓《高王观世音经》是也。敬德放还，设斋报愿，出

在防像，乃见项上有三刀痕，乡郭同睹，叹其通感[1]。

观音信仰盛行，还与当时国家推行佛教政策以及特定的动乱环境有关。以河北曲阳修德寺出土的观音像发愿文内容分析，就可清楚其大致内涵。修德寺北魏晚期五件观音像皆为个人施造，所施对象既有皇帝，也有七世父母和己身眷属，既期待"行如菩萨，得道成佛"，也希冀"弥勒下生，愿在初首"，而"离苦得乐"的仅有一件，说明此时观音信仰还比较泛泛，以皇帝、七世父母和己身眷属等为所施对象，与同一时期弥勒、释迦造像发愿文没有本质上的区别。造成这种情况的原因，除了依据当时翻译出的观音经典，更多是受北魏国家佛教政策的影响。日本佐藤智水认为：

> 造像记文字可看作是出自教化僧之手或是在教化僧指导下所作，因此皇帝崇拜的祈愿是符合他们的教化方针的。这也是维护教化僧的教团方针。也就是说，北魏时的佛教教团作为民众教化的手段在结成邑义信仰组织、奖励造像等奉佛活动中，孕育了奉仕皇帝的佛教信仰。在这种教团的布教方针下，王公贵族自不待言，就连僧尼、庶人的造像里都出现了皇帝崇拜的祈愿[2]。

所以即使在平民造像中，依然首先要为皇家祈福，其次才是自己家庭或家族。当然，七世父母的提法，正如佐藤智水所指出的，实际是祖先的泛称，并不一定非是七代，这与中国古代社会是一个以血缘家族为中心的组织结构

密不可分。在东魏 46 件纪年造像中，观音像 14 件，除一件僧尼造像外，其余皆为一般平民所为。"来生净国"与"同登妙乐"等仍然延续北魏末年传统；为"皇帝陛下、国祚永隆"发愿的有五件，比例较北魏明显下降；而为父母、己身解除病患苦难、期冀身体健康的显著增加，有七件，占此一时期观音造像总数的 1/2；从军戍边祈求还家或回家之后造像还愿者也占有一定数量。造像目的与愿望主次区别更为明显，如董定姜造观音像发愿文"自为己身患除罪灭，无病长寿，来生净国"排列在前，"合家居眷，同时离苦，无边众生，俱沾解脱"位置列后。杨回洛造观音像发愿文，先是求得自身病患得除，其次才是"上为龙天八部，中报四恩，下为含识并及七世先亡父母，现在内亲父及己身，现存眷属，生生世世，恒值诸佛，弥勒下生，一时居道"。说明造像者自我意识逐渐觉醒，对现世利益的追求更为迫切。

> 其宗旨自在求福田利益：或愿证菩提，希能成佛；或冀生安乐土，崇拜弥陀；或求生兜率，得见慈氏。或于事先预求饶益，于事后还报前愿。或愿生者富贵；或愿出征平安；或愿病患除灭；以至因"身常瘦弱，夙宵暗暗"，而雕造七佛徒众。或一人发心，独建功德；或多人共同营造，于是题名，有自数人至数十人，乃至三百余人者[3]。

而造成这一现象的深层原因，是动荡不安的魏晋南北朝社会。在《光世音应验记》等书中，记载了许多观音神异故事。这些故事或反映平民百姓无端遭受杀戮，或反映士兵在战争中被俘受刑，他们均因称念观音名号而获得解脱，观音救苦救难之形象遂深入人心，信奉者也日趋增多。也正是在皇室、官僚、民众等群体的共同推动下，观音成为中国佛教信众崇拜的对象，人们制作各种质地的观音像，用来供奉崇拜，观音最终成为中国人最喜欢的佛教神祇。

二 观音图像的演变与流传

1. 十六国魏晋南北朝时期

十六国魏晋南北朝时期观音图像，目前所知最早的是甘肃永靖炳灵寺石窟第 169 窟无量寿佛三尊像。无量寿佛手施禅定印，结跏趺坐于圆形覆莲台上，左右各有一直立胁侍菩萨。菩萨头梳高髻，扎系束带，双耳有珰，颈有饰，袒右肩，斜披络腋，下穿长裙，左手抬起，手持念珠，右手下垂，握住天衣。此三尊像皆有墨书题记，分别为"无量寿佛"、"得大势志菩萨"、"观世音菩萨"，并书有"建弘元年"的时间题记。建弘元年为 420 年，它是十六国时西秦使用的年号。由此可以推测，中国早期观音与其他菩萨形象一样，无特殊的标识，如果没有题记佐证，我们很难将其与其他菩萨区别开来，观音还没有在菩萨诸神中取得独尊的地位[4]。此后伴随着观音经典的大量译出与各种神异故事的流传，观音受到信众更多的关注，其形象明显多于其他菩萨。

（1）莲花手观音像

莲花手观音是此一时期最为常见的一种观音造型，特别是在铜像上。莲花手观音尚不清楚出自哪种经典，学术界目前的定名主要是依据图像。其主要特征是观音右手中持有长茎莲，莲蕾含苞欲放。一般为舟形背光，身著帔帛，帔帛缠绕其袒露之上身，左手握帔帛一角，下著裙，跣足直立。下为四足方座。有研究者认为，未开放的莲花代表一切有情自性清净的心莲，而观音以慈悲心力，打开此莲花，引导众生。本图录所收北魏太和十一年（487 年）吴洛宗造莲花手观音像、北魏太和二十三年（499 年）郭武牺造莲花手观音像以及北魏神龟元年（518 年）保进造莲花手观音像等均属此种造型。郭武牺造莲花手观音像背面供养人手持香花，礼拜释迦牟尼，释迦牟尼著圆领袈裟，结跏趺坐，形象高大庄严。这种将观音作为主尊置放在正面，而将释迦牟尼放置背面的实例并非孤例，二者之间的关系有待进一步研究。

（2）持桃形法物与莲蕾的观音像

在河北等地，流行一手持桃形法物、一手持莲蕾的观音造型。通常是左手下垂，持桃形法物，右手抬至胸部，手持莲蕾。这一形式始自北魏晚期，沿袭至北齐乃至隋代。这种类型，笔者目前所知较早的像例为河北曲阳修德寺遗址所出北魏正光元年（520年）张思造弥勒佛像右胁侍菩萨，只是发愿文中没有明确提及其为观音，所以没有引起研究者足够的注意。明确提及为观音、且观音为独立的主尊像例的则为正光五年（524年）邸荀生造观音像，此后这种形式在东魏流行开来。观音这种双手一上一下的形式，很容易让人联想起佛像中的无畏印和与愿印。但仔细观察，二者并不相同。佛像中的手印掌心皆向外，而观音的掌背朝外。不知工匠的刻意所为是否有其他含义。观音冠饰分柱状花蔓冠与三叶状花蔓冠两种。北魏至东魏为柱状花蔓冠，多为方形，左右与正面两侧阴线竖刻，正面中间为圆形，正中刻圆心。从东魏晚期开始，三叶冠逐渐取代柱状冠，成为常见的冠饰。柱状冠饰近似世俗冠帽，不利于突出观音的神性，而三叶冠更接近人们的理想。当然，三叶冠在具体雕刻上也不完全相同，有的收束紧密，有的呈花状散开，似花瓣分层刻出。其服饰，北魏至东魏前期，帔帛拷于两肩，在膝前呈双"U"字形交叉，折于肘部下垂，披衫外侧为锯齿纹，下部外侈较大。从东魏开始，帔帛在腹部穿璧，相交后反折至肘部下垂，向两侧外侈的披衫，幅度更大，锯齿纹饰已延至膝部，装饰意味浓厚。北齐天保年间，膝前呈双"U"字形交叉样式依然存在，但数量较少，东魏流行的帔帛在腹部穿璧相交的样式成为主流。天保以后，帔

帛在腹部结节，下垂至膝部后反折肘部，有的更加简化，只在腹部相交下垂或搭于肘部下垂。披衫已不见锯齿纹饰，甚或不见披衫。像式上，北齐以前皆为单身，北齐以后双观音大量出现。

（3）观音佛

这种观音佛名称上是观音，造型则是佛装形式。如北魏正光五年（524年）胡绊妻造"观世音佛"，永安二年（529年）张欢□造"观世音佛"，东魏天平二年（535年）张荣迁造像碑榜题中的"观世音佛主刘道亮"等。类似的情况不仅出现在单体造像上，在洛阳龙门石窟中也有发现。李玉珉认为这是"补处成佛"说法的影响[5]。在《正法华经·光世音普门品》中，观音能够显化各种形象（即俗称的三十三身），为信众说法。如果众生应以佛身得度，观音即现佛身为其说法，观音以佛身出现，很可能是依据此经而来。本图录中收录一件北魏孝昌三年(527年)张买德造石观音佛像，此像身著褒衣博带式袈裟，内穿僧祇支，双手相叠，掌心向内，结跏趺坐于束腰长方形须弥座上，座上刻发愿文："孝昌三年四月廿一日，佛弟子张买德造观世音玉象成□。愿令□切边地众生，离苦得乐。"此像自铭观音像，实际却是佛像。故宫博物院还藏有一件东魏兴和三年(541年)张相女造铜二佛并坐像，题记也称为观音像。这种情况说明在没有题记的佛装像中，无论是坐像还是立像，抑或单尊或双尊，都存在观音像的可能。

2.隋唐时期

（1）千手千眼观音像

千手千眼观音也称大悲观音。经典来自《千手千眼观世音菩萨广大圆满无碍大悲心陀罗尼经》、《千手千眼观世音菩萨姥陀罗尼身经》等。千手表示遍护一切众生，千

眼表示遍照世间万物，悲意为能救拔他人之苦难，具有无上之法力。唐朝武德年间（618～626年），印度僧人瞿多提婆就曾将此像带到长安。贞观年间（627～649年），另一印度僧人带来梵本《千眼千臂观世音菩萨陀罗尼神咒经》，李世民命智通翻译为汉文，智通在汉文本上特意绘制一幅千手千眼观音像，李世民又令宫女、画工绣绘，流布天下。千手千眼观音像在皇室的大力支持下，迅速在民间流传。千手千眼观音像大致可以分成两种：一是刻出千手千臂，每只手中刻绘一只眼睛；一是正中两手合十，另外左右各有手若干，每只代表不同数，二者相乘，合数为千。前者适合石窟或者大型单体造像，后者则以小型单体造像为主，手臂的数量并非固定不变，只具有象征意义。

（2）十一面观音像

十一面观音因其有11面而得名。十一面观音象征观音菩萨修完"十地"，最后功行圆满，到达第"十一地"（佛地）。早期描述其形象的主要经典有：北周耶舍崛多译《十一面观世音神咒经》、唐玄奘译《十一面神咒心经》、唐不空译《十一面观自在菩萨心密言念诵仪轨经》。十一面观音像在唐朝的广为流行，与武则天密切相关。武则天曾在皇宫内建十一面观音道场，长安三年（703年），高官大德在长安光宅寺建七宝台，为国祈福，其中十一面观音像有七件之多[6]。十一面观音像受到广泛供养，还与此一时期密教盛行有关。密教（也称密宗）分杂密与纯密两种。在唐开元三大士善无畏、金刚智、不空以前的密教，因其驳杂，没有严格的经典依据，故称为"杂密"。善无畏、金刚智、不空分别译出《大毗卢遮那成佛神变加持经》《金刚顶瑜伽中略出念诵经》、《金刚顶一切如来真实摄大乘现证大教王经》等经典，创立密宗。因其有严格的宗教仪轨，故称"纯密"。密教由于得到皇家的支持，在盛唐时期开始迅速发展，特别是在安史之乱后，不空在其所住大

兴善寺建灌顶道场，为唐肃宗亲授转轮王七宝灌顶，后又在全国挑选49位大德，常住是寺，密教遂发扬光大。十一面观音像是密教供奉的主要神祇之一，其造型在唐玄奘译《十一面神咒心经》有具体描述：

其像作十一面，当前三面作慈悲相，左边三面作瞋怒相，右边三面作白牙上出相，当后一面作暴恶大笑相，顶上一面作佛面相。诸头冠中皆作佛身。其观自在菩萨身上，具璎珞等种种庄严[7]。

从传世与考古发掘的唐朝十一面观音像分析，其十一面面相与排列方式并不相同，如七宝台所出十一面观音，十一面分成四层，底层为菩萨面，中间两层一为四个佛面，一为五个佛面，顶部为一佛面。有的除顶部为佛面外，其余皆为菩萨面，排列上还有分成五层的，从顶到底依次为一、二、三、四、一。河南荥阳大海寺出土的十一面观音，最上为高肉髻之佛头，其下两层分别为二、五个菩萨头，左耳后刻凶恶面，右耳后刻慈善面。六臂，两臂抬起；两臂横置胸前，双手合掌；两臂下垂，手部以下残缺，左手似执杨枝[8]。持净瓶与杨枝，可能借用杨枝观音的造型。还有一种是与千手千眼观音混合而成的，即头部为十一面，身躯为千手千眼，有人将此定名为十一面千手千眼观音。这可能与依据的经典不同有关。

（3）杨枝观音像

杨枝观音典出自《请观世音菩萨消伏毒害陀罗尼咒经》：

尔时毗舍离人即具杨枝净水，授予观世音菩萨。大悲观世音怜悯救护一切众生，故而说咒曰：普教一切众生而作是言，汝等今者应当一心称南无佛、南无法、南无僧、南无观世音菩萨摩诃萨，大悲大名称，救护苦厄者，如此三称三宝，三称观世音菩萨名，烧众名香，五体投地，向于西方，一心一意令气息定，为

免苦厄请观世音 [9]。

在古代印度，僧人有以某种植物枝条净齿的习俗，这些枝条被称作"齿木"。在汉译佛经中，"齿木"往往被译作"杨枝"。如《华严经·净行品》称："手执杨枝，当愿众生，皆得妙法，究竟清净。"又称："嚼杨枝时，当愿众生，其心调净，噬诸烦恼。"杨枝观音在南北朝时期就已经出现，隋唐时期臻至鼎盛，陕西临潼邢家村、千阳县崔家头、扶风县贤官村以及西安郊区等处均有这种小型金铜造像发现，石窟中也不乏其例，他们或以单尊出现，或以胁侍身份陪侍在主尊身旁。从杨枝观音造型看，隋朝的身躯稍显粗壮，多为直立；到唐朝，身躯变得细瘦，呈"S"形，肢体上的女性特征趋势开始变得明显，胸、腹、臂、腕等处更注重装饰。信众不仅要求崇拜对象神通广大，法力无边，同时还要美仪容，以此增加亲和力，这与此一时期菩萨似宫娃的整体审美趋势相一致。杨枝观音手持净瓶与杨枝、遍洒甘露的造型，不仅是杨枝观音的母题，也常用于童子拜观音、水月观音、南海（普陀）观音、白衣观音中。如果说莲花手观音像继承的是印度观音的传统，那么杨枝观音则融入了中国信众的情感与审美需求，成为流传时间最久、最受信众喜爱的观音造型。

（4）观音与地藏组合

此一时期，观音与地藏的组合颇引人注意。这一组合常见于石窟中，特别是在四川、重庆等地。如四川广元千佛崖等处共有六例观音与地藏的组合，其中千佛崖512号大云古洞附35号有"天宝十五载五月十五日……比丘僧广行奉……姚敬造□□观世音菩萨一躯，地藏菩萨一躯"的题记。此外，观音还与药师、地藏，或与阿弥陀、地藏组合，成为药师佛、阿弥陀佛的胁侍。巴中石窟的内容也基本一致。前文已经讲到观音神异故事，这些故事大多为拯救现世中的人们，包括临刑前被救者，但很少涉及人死

后的情况。随着六道轮回、地狱思想的逐渐流行，人们还需要新的神灵来弥补空缺。地藏菩萨因"安忍不动犹如大地，静虑深密犹如秘藏"而得名，其与文殊、普贤、观音并称为中国四大菩萨。他处于释迦牟尼涅槃之后、弥勒未生之前，发誓要尽度六道众生，拯救诸苦，始愿归成正果，因此也被称为"大愿菩萨"。如果说观音在于解救现世的人们，地藏则是帮助已逝者祈福，保佑其不坠入恶道，在转世时能生入天界。在广元和巴中等地石窟中，地藏常与六道轮回、地狱十天王等联系在一起，可见地藏职责之所在。死生亦大矣。观音与地藏组合在盛唐前后的出现，或许正好满足了信众对见在与亡逝的祈福要求。

（5）观世音不完全是避李世民讳而改称观音

在谈及唐朝观音时，自然会涉及观世音是否为避李世民讳而改称观音的问题。有关此问题，尽管学术界持论不同，但据现存实物与文献比较，笔者认为恐非讳说。因为在北魏、东魏、北齐、隋朝诸造像中，称观世音者固然占大多数，但称观音者也为数不少。如北魏张法姜造观音像发愿文云："永熙二年（533年）十月十六日，赵曹生妻张法姜为妄息眷属含生之类，造观音玉像一躯，故记之。"东魏董定姜造观音像发愿文云："元象二年（539年）八月十三日，佛弟子董定姜自为己身患除罪灭，无病长寿，来生净国，合家居眷，同时离苦，无边众生，俱得解聆，敬造卞观音像一区，诚心供养。"二者均将观世音简称观音。另一方面，在李世民死后，观世音的称谓依然存在。日本京都博物馆藏《观世音经宋才干题记》云："永淳二年（683年）三月九日，弟子宋才干谨为亡父写《妙法莲花观世音经》一卷，伏愿已亡之父，托生西方妙乐净土。"日本正仓院藏《造菩萨愿文第八》云："垂拱二年（686年）十二月四日，大唐皇太后奉为高宗大帝，敬造绣十一面观世音菩萨一千铺，愿文一首，奉为先王先

妃造十一面观世音菩萨，愿文一首。"斯坦因藏《观世音经阴嗣□题记》云："天册万岁二年（696年）正月十五日，清信士佛弟子阴嗣□为见存父母、七世父母并及己身，及以法界仓生，写观世音经一卷。"此三件题记的时间，均是在李世民死后不久。题记中仍称观世音，显然遵循二名不偏讳制度。龙门石窟中也有使用观世音称谓者，如龙门老龙洞《樊庆造救苦观世音像记》云："弟子樊庆为亡慈兄前兖州参军事玄道敬造等身救苦观世音像一躯，藉此功德，往生净土。大唐永徽元年（650年）五月五日起造，二年九月卅日功毕。"唐字洞附近的《郭孝陈男大亮造观音像记》云："永徽二年（651年）七月六日，永州□□县人郭孝陈男大亮入辽，为造观世音一躯，愿行人平安。"而有观世音字样的发愿文，在此一时期的龙门石窟中，尚不为孤例。通过上述文献与实物，我们认为观世音改称观音，是民间的一种简称或习惯称法。最初与避唐太宗讳没有任何关系，至唐太宗在位期间，仍没有发生任何改变。但值得关注的是，魏晋南北朝时期，在文献和造像铭记中，称观世音的数量远远多于称观音者，初唐以后，这一现象发生了明显的变化，称观音者要多于称观世音者。这很可能是唐太宗死后，唐高宗李治为申孝道，始避其父之讳，避讳与民间简称合而为一，观世音更多地被观音取代，并影响后代。

3. 五代宋元明清时期

（1）水月观音像

水月观音像传始自唐代画家周昉，其所画水月观音，"颇极丰姿，全法衣冠还近闾里。衣裳劲简，彩色柔丽。菩萨端严，妙创水月之体"。法国集美博物馆所藏后晋天福八年（943年）水月观音菩萨榜题画，观音冠上有化佛，背有月轮，一手持杨枝，一手持净瓶，垂左足，屈右膝，悠然坐于磐石之上，身后有树竹，四围有水环绕。浙江金华万佛塔出土的五代鎏金观音铜造像，观音戴高冠，冠上饰化佛，身佩璎珞，左腿下垂，右膝上曲，右足踏于岩石上。左臂撑岩上，右臂置膝上。旁有净水瓶，身后有火焰纹圆光，明显是象征月亮。四川安岳毗卢洞宋代观音像高约三米，头戴宝冠，胸饰璎珞，璎珞环坠交织胸前，下著长裙，长裙薄如蝉翼，随体依形。左手下撑，右手持帛带，右足翘起，身体侧向而坐。身体以高浮雕为主，局部如手臂、荷花、帛带、璎珞等采用透雕手法。背后有紫竹及观音经变故事浮雕。推测最初观音像前面当有水池。月亮、水与游戏坐姿是水月观音主要标志。此像式为唐朝时中国所首创，是观音中国化的具体反映之一[10]。

（2）白衣观音像

白衣观音又名"白处观音"、"白住处观音"，白色象征观音纯净菩提之心。身穿白色衣是白衣观音的主要特征。《观世音现身种种愿除一切陀罗尼经》说，供养此观音时应用白净的细布画观音形象，这样诵念白衣观音经咒后观音即可出现，满足供养者的种种要求。宋代秦再思《洛中纪异》："契丹主德光尝昼寝，梦一神人，花冠美姿容，辒辌甚盛，自天而下，衣白衣，佩金带，执金骨朵，有异兽十二随其后……后至幽州城中，见大悲菩萨佛相，惊告其母曰：'此即向来神人，冠冕如故，但服色不同耳。'因立祠木叶山，名菩萨堂。"北方辽皇室信仰白衣观音，南方吴越国王也有类似的故事。这类神异故事虽不能作为信史看待，但反映出的社会信仰以及观音图像的创作走向问题依然值得关注。白衣观音图像在五代以后广为流传。如故宫所藏敦煌绢本画白衣观音像，观音屈腿坐于方形束腰台座上。头束高髻，戴化佛冠，顶披白纱，项饰璎珞，内着红色僧祇支，外穿白色田相袈裟。右手执杨枝，左手下垂提净瓶搭于左膝上，跣足踏莲花。观音头上部有伞形华盖,身后有头光、身光,神态自然安详。白衣观音因其对白色的特别要求,最适宜书画这一艺术形式,故受到画家的格外青睐,如五代王齐翰、杜子瓌、曹仲元等均画过此类题材。杭州西湖石窟烟霞洞五代白衣观音为立姿,发冠有化佛,头覆白巾,胸饰璎珞,双手相交腹部,手持念珠,跣足,头侧向左,身躯微曲,姿态婀娜多姿。甘肃天水麦积山165窟过去定名的供养人像,实际也是白衣观音。明清时期,福建德化窑以瓷质洁白细腻著称,烧制的观音也多取白衣之造型。白衣观音洁白脱俗,娴静高雅,集美丽、慈祥于一身,深受中国人的喜爱。

(3)阿嵯耶观音像

大理国盛行观音信仰。在属于大理国时期的《张胜温绘梵像卷》中,观音像就达十余种,这些观音既有属于显宗的普门品观音、寻声救苦观音、救苦观音,也有属于密宗的大悲观音、十一面观音,还有具有大理国佛教特征的梵僧观音、建国观音、真身观音、易长观音等,其中真身观音最具代表性。真身观音也有研究者称其为阿嵯耶观音。据《南诏图传》记载,真身观音原本为西域莲花部尊。供养真身观音像,"运悲而导诱迷途,施权化而拯济含识。顺之则福至,逆之则害生"。美国圣地亚哥艺术馆藏真身观音像裙裾后面刻有发愿文:"皇帝㴋信段政兴资为太子段易长生、段易长兴等造记。愿禄算尘沙以喻保庆千春孙嗣,大地标帜,相丞万世。"段政兴为大理国工,在位时间为1147～1171年,此类观音像的年代应在12世纪。这种真身观音,直立,身躯没有曲线变化,上身裸露,下著贴身长裙,裙腰系带,小腹部结成花形,裙褶整齐有序,跣足。头顶后部头发梳绺,冠正中一坐佛,面庞稍长,双睛杏仁状,略显朦胧,额上有白毫,耳有螺形环饰,臂戴钏,腕佩珠环,右手上举,左手扶于腰间。由于真身观音像多为大理国王室所造,旨在护佑王室国祚绵延,故其在大理国具有崇高的地位,从所用铜质极为讲究来看,也可视为大理国铜造像高水平的作品。

(4)送子观音像

中国封建社会是以家族宗法制为基础的。这一观念促使人们对孝亲、血脉传承极为重视,也就有了民间"不孝有三,无后为大"的说法,并有送子娘娘之神供奉。观音具有慈悲心肠与无边法力,能幻化出各种形象,司任各种职责。《妙法莲华经·观世音普门品》云:"若有女人,设欲求男,礼拜供养观世音菩萨,便生福德智慧之男;设欲求女,便生端正有相之女。"《楞严经·观世音菩萨耳根圆通章》也有"求妻得妻,求子得子"的说法。因此人们便将送子娘娘的职责赋予观音。送子观音像在北宋时期即已有之,到明清时期大量出现。其造型多为观音抱一赤身男婴,也有个别的仿照童子拜观音的造型,男婴赤身依偎在观音身旁。男婴与观音似现实生活中的一对母子,富有亲情。

(5)童子拜观音像

善财童子拜观音的故事出自《华严经·入法界品》。传说福城长者有五百童子,其中一人因出生时种种珍宝从地下自然涌出,故而被称为"善财"。后来信奉佛教,受文殊菩萨教化,先后参访了优波罗华长者、施罗船师、无上胜长者、观音等53位名师,最后在普贤菩萨处实现行愿。本书收录数件此类作品,如露香园绣童子拜观音像,充分展示了顾绣劈丝纤细、针法多变、配色和谐、绣画结合等特点,是刺绣艺术杰作。露香园绣是《华严经·入法界品》善财五十三参的全本,常见的则只选取拜观音这一情节加以表现,如德化窑白釉童子拜观音像,善财童子上身赤裸,一条飘带从头顶飘飘下垂,面含笑意,双手合十,向右侧的观音施礼相拜。观音头戴披风,左手执莲茎,右手抚膝,游戏坐于莲台上,莲台下有莲花、荷叶与波涛。

(6)鱼篮观音像

鱼篮观音最初称马郎妇，后来在民间演变成提鱼篮的形象。明代宋濂《鱼篮观音像赞》说"陕右金沙滩上，有美艳女子，挈篮鬻鱼，人争欲室之"。明确指出提篮妇人就是马郎妇，也就是鱼篮观音。万历皇帝的母亲李太后亲绘鱼篮观音，并勒石流传，鱼篮观音遂成为明清时期常见的一种观音造型，深受一般信众的喜爱。其形象多取普通妇人之貌，唯手中提盛有鱼之竹篮，或由一童子提鱼篮侍立一旁。

五代宋元明清时期各种观音的名号很多，许多造型相互融通。如水月观音、白衣观音与南海观音（普陀观音），坐姿与潮水都是相同的母题。送子观音与童子拜观音，均以童子为媒介，因为善财的缘故，有时还增加龙女与之对称。净瓶与杨枝则借用杨枝观音造型。造型的多样化反映出信仰的庞杂。本图录所收青玉观音像，像背镌刻乾隆二十七年（1762年）御制《玉观音赞》："善哉大士，无像不现。而不执像，权巧方便。西昆产玉，王母所都。大士王母，何同何殊。水月道场，白衣宴坐。施悲用慈，无可不可。当以何度，说法无遮。玉不藉镂，竟演法华。谓珍琳琅，则匹瓦砾。三界十方，甘露一滴。于微尘里，转大法轮。如是端相，稽首普门。"精通佛理的乾隆皇帝，也不得不用"无像不现"、"权巧方便"来敷衍这种现象。诸种造型的混同说明经典与义理的偏失，特别是女性形象在明清时期的最终确立[11]，使得这一异域神祇完全中国化、世俗化。

注释：

1.（唐）道宣：《集神州三宝感通录》卷中，《大正藏》第52册，页420上～中。

2. 佐藤智水：《北朝造像铭考》，《日本中青年学者论中国史·六朝隋唐卷》页92～93，上海古籍出版社，1995年。

3. 汤用彤：《汉魏两晋南北朝佛教史》页367，中华书局，1983年。

4. 故宫博物院藏有一件十六国时期铜菩萨像，菩萨发顶束髻，脑后头发下垂披肩，作绺状。鼻梁高直，眼角细长，留有胡须。上身袒露，胸饰璎珞，斜披宽巾垂至右膝，下著长裙，长裙衣纹繁密。双手一上举，一下垂，下垂之手持瓶。这件菩萨像应是弥勒。此像与中国造像在铜质、雕刻手法上有明显差别，属于犍陀罗艺术风格，为外来造像之范本，这或许说明观音信仰与图像在当时尚未成为主流。

5. 李玉珉：《南北朝观世音造像考》，《中世纪以前的地域文化、宗教与艺术》页269～270，2000年。

6. 德感所造十一面观音发愿文中说到是为国敬造，且伏愿皇基永固，圣寿遐长。德感为洛阳佛授记寺和长安西明寺的翻经大德，曾参与多部佛经的翻译工作，并被封昌平县开国公，他是七宝台工程的主持者。其首造十一面观音像，值得注意。据颜娟英研究，七宝台现存的32件作品中，有五种以上的不同图像，其中十一面观音占有七件，足见在武则天至唐玄宗时期，其在上层社会信仰中所占的地位。详见颜娟英《武则天与长安七宝台石雕佛相》一文，载《艺术学》第1期，1987年。

7.（唐）玄奘译：《十一面神咒心经》，《大正藏》第20册，页154上。

8. 河南省郑州市博物馆：《河南荥阳大海寺出土的石刻造像》，《文物》1980年第3期。

9.（东晋）竺难提译：《请观世音菩萨消伏毒害陀罗尼咒经》，《大正藏》第20册，页34下。

10.《华严经·入法界品》里记载善财童子去拜谒观音，观音的住处在普陀洛迦山。其山处处皆有飞流泉，林木繁茂，地草柔软。于是也有研究者认为水月观音出自于此。

11. 观音性别形象是反映观音信仰的重要实物依据。观音最初传入时自然是印度样本，这一情况一直持续到隋唐时期。隋朝杨枝观音，虽然形体尚显粗壮，但身躯的曲线已初见端倪。唐朝时已完全呈"S"形，只是胸部还较平，乳房尚未凸起。但敦煌等地的泥塑菩萨像，面庞圆润，柳眉细目，乳房丰满，完全是似宫娃的女性形象。与此同时，胸部扁平、唇下留有胡须的观音依然存在。如本图录所收宋代木雕观音像与辽太平二年铜鎏金陶善造观音像，均属于此种类型。但到了明清时期，随着民间各种女性观音神异故事的广为流传，僧人、匠人与艺术家为迎合世俗的需要，完全将其女性化。正如明人胡应麟《观音大士现象灵应记》中所说的："今观世音像率作妇人，故人间显迹梦兆，无算男子相者，俗遂真以观世音为妇人。不知梦生丁心，兆征于目，心目注瞻，皆非男相，则恍惚示现，自当女身。"

观音与清宫祈寿

马云华

观音是八大菩萨中最为著名的成员，也是有佛教信仰的广大地区内最受欢迎的尊神，信仰者不可胜数。自元代藏传佛教深入宫廷伊始，宫中观音的供奉也随之而来，清代则极为兴盛。因观音具有使众生增福延寿的巨大法力，在清代宫廷名气和影响极大，供奉广泛，需求量很大，宫内制作和各地进献数目均很庞大，从档案资料和现存实物来看，在各地进献的礼品中，观音像是必不可少的万寿节等吉庆日寿礼。对于这些不同时代、风格各异的观音像，皇帝都十分珍爱，通常会命宫中造办处喇嘛认看并拴系黄条或配龛，上面题写汉、满、蒙、藏四体文字，注明进献时间、进献人以及佛像名称，而后供奉在皇宫内外众多的佛堂里，为皇帝、皇太后祈福祈寿。

一 康熙为祖母祈寿造四臂观音像

清代宫廷藏传佛教造像，始于康熙时期，但由于当时的铜产量较低，宫廷造像活动并没有大规模开展起来。康熙时期的佛造像，档案记载很少，传世的实物亦不多见。我们在整理佛造像时，发现了一尊有明确纪年的黄铜鎏金四臂观音像（见图84）。这尊像高达73厘米，面相饱满、慈祥，深情动人，装饰华丽，格外引人注目。其整体造型、体量、工艺水平和完好程度都是其他康熙造像无法相比的，也是整个清代造像作品中绝无仅有的精品。最让我们吃惊的是，在这尊观音像莲花座下缘还分别刻有满、蒙、汉、藏四种文字的题记，其中汉文为："大清昭圣慈寿恭简安懿章庆敦

惠温庄康和仁宣弘靖太皇太后，虔奉三宝，福庇万灵，自于康熙二十五年，岁次丙寅，恭奉圣谕，不日告成。永念圣祖母仁慈，垂佑众生，更赖菩萨感应，圣寿无疆云尔。"由此可见，这尊四臂观音像是康熙皇帝专为其祖母铸造的，是希望"赖菩萨感应"，保佑其祖母"圣寿无疆"。

康熙皇帝一生中，最感念的是他的祖母。他八岁继位登基的时候，社会经济亟待恢复，国库空虚，民不聊生。清朝面临的局势十分严峻，刚刚建立的帝国大厦尚不稳固，而要让幼小的玄烨承担起这一艰巨的使命，那是完全不可能的。正是在这个危急时刻，孝庄太皇太后责无旁贷地担负起抚育、保护与培养孙儿的重任。孝庄太皇太后将毕生的心血和精力都用在了培养和辅佐康熙皇帝身上，成为他政治生命中的保护者与指路人，她是对康熙皇帝一生影响最大的人，祖孙二人感情极其深厚。康熙二十四年（1685年），为孙儿呕心沥血、为清王朝操劳了几十年的孝庄"突然中风"，"右侧疼，言不清"。对于73岁的太皇太后，虽然太医说"脉尚好，断无大妨"，但康熙皇帝仍十分担忧，为祖母"亲侍进药，侍奉至夜半"，守候在祖母的床边，"衣不解带，寝食俱废"。由于医治及时，孝庄的身体逐步恢复。孝庄初愈不久，康熙二十五年二月，迎来了她的74岁生日，康熙帝极为重视，不惜财力精心为祖母铸造了这尊寄托着他深厚感情的四臂观音像，这是康熙皇帝献给祖母74岁生日的珍贵礼物，反映了他感戴祖母，企盼祖母在观音的保佑下健康长寿的

真切心愿。这尊四臂观音像后来一直被供奉在孝庄太皇太后居住的慈宁宫后殿佛堂内。

慈宁宫，明嘉靖十七年（1538年）建成，后烧毁，顺治十年（1653年）重建，康熙时孝庄太皇太后生活于此。慈宁宫后殿是康熙时期专供太后礼佛的场所，除了供奉四臂观音外，还于北壁供奉仙楼佛龛一座，仙楼佛龛内供金胎释迦牟尼佛一尊，楼下龛内中供托沙胎释迦牟尼佛一尊，东边供托沙胎阿弥陀佛一尊。仙楼佛龛两边供十八罗汉。

这尊四臂观音堪称康熙时期宫廷铜佛造像的标准器物。观音结跏趺坐，姿态自然挺拔，头戴镂空状花冠，耳际宝缯飞扬。面相圆润，神态安详。上身双肩搭帔帛，胸前饰璎珞。帔帛在两手腕间分别绕成半圆环，然后从两腿上对称垂搭在莲花座正面座壁上。衣服上刻满了各种植物纹饰，手法细腻，体现了康熙造像工艺精细的特点。下身著长裙，腰间束带，腰带下缀有连珠装饰。帔帛及裙子皆用写实手法表现，衣纹生动自然。尤其是垂于座前的帔帛具有强烈的丝织物质感。全身的衣饰上还镶嵌了一些珍珠宝石，使造像整体显得雍容华贵。其莲座是清代最精美的作品：大莲瓣，瓣尖有卷云纹，腰部和莲叶顶部均有花枝图案。除莲座上下各有大颗粒连珠纹以外，仰覆莲之间的莲座收腰部分也有一圈精美的连珠。莲座上仰覆莲花瓣上下对称分布，莲瓣宽肥饱满，其边沿和头部都有卷草装饰，造型生动，手法写实。继承了明朝永乐、宣德时期的造像风格，可谓清朝康熙造像的经典之作。

观音有多种变化身，四臂观音只是众多变化身中的一种，他由六字真言所化现，故又称"六字观音"。六字真言是能令人脱离苦海的无上密咒，供奉和诵读其真言，可获得观音广大无边的法力护佑。四臂观音在藏传佛教诸多观音形象中占有极为重要的地位，广受尊崇，常与文殊菩萨、金刚手菩萨组合供奉，合称"三怙主"，代表大悲、大智、大力。

四臂观音大悲的特性，可以禳除众生的灾厄，增盛众生的福寿。康熙皇帝不仅于慈宁宫供奉这位尊神，还于慈宁宫大殿明间悬挂御笔亲书的"万寿无疆"匾额，目的是希冀尊神保佑祖母，祝愿祖母长寿无疆。

二 乾隆时期观音像的制作和佛堂供奉

1. 乾隆时期观音像的制作

由于观音具有大慈大悲的胸怀，一旦与帝王们的祈寿思想结合在一起时，其造像便得到了大量的制作，特别是在乾隆时期。乾隆皇帝在位时，为其母和他本人寿辰曾多次大规模造像，观音是其中制作和供奉最多的佛像之一，在制作数量和规模上仅次于无量寿佛。如档案记载：

乾隆十六年五月初四日，交泥观音一尊。太监胡世杰传旨：著画院处开眼光。

二月初七日交铜无量寿佛一尊（中），铜四臂观音二尊（左右），计一堂；铜不动佛一尊（中），铜如意观音二尊（左右），计一堂。

乾隆三十一年六月初七日交青玉观音一尊。

十一月二十七日交站像水月观音一尊，画芸香露番花背光座一件，站像观音一尊，传旨将水月观音法身上金有不齐全处找补，地仗收拾好，交中正殿喇嘛满泥金开脸，像染青发，其番花背光比高尺寸，得时在新建庙内供。再站像观音要配背光座，交里下要与水月观音法身一般高，先画样呈览，钦此。

从整个乾隆朝观音像的特点来看，这些像都是严格按照佛教经典及造像量度标准而制作，从乾隆早期到乾隆晚期，几乎没有什么大的变化，总体风格上来说，有着明显的规范化特征，但制作极其精美、工整，用料考究，神态表情逼真，姿势动作夸张而又写实。由于乾隆帝对观音的偏爱和重视，在保持佛像制作规范的同时，又对佛像局部进行改动和装饰，以符合乾隆对佛像的认识和理解，使造像风格富于创新和变化，据档案记载：

> 乾隆三十八年九月二十四日，将骑吼菩萨一尊，配造得文殊菩萨一尊、驮象菩萨一尊呈鉴览。奉旨：佛三尊交佛堂，狮、象、吼头尾不视，后凡造骑兽之佛像俱要头尾相视。

乾隆帝崇古，在佛造像方面的反映就是大量地仿制古佛像，在这些仿古佛像中，观音是清朝宫廷佛教造像中一种十分流行的仿古题材。档案记载如下：

> 乾隆十三年九月二十六日，太监胡世杰传旨：将造办处所有佛请进呈览。奉旨，将观音菩萨二尊烧古见肉泥金，一佛二菩萨二堂亦烧古见肉泥金。钦此。

> 乾隆十四年三月初二日，太监胡世杰传旨：普陀观音照自在观音改脸像，五佛冠去座上风带，肩花烧古，文殊一尊、地藏一尊，俱染青发见肉泥金，不可去旧意，钦此。

清宫中的很多观音像是乾隆帝再创作的结晶，如仿制克什米尔或东印度帕拉的造像，表现其柔美的表情，比例匀称，装饰华丽，但又不是完全地照抄，而是融入了很多时代的艺术风格。如佛像表现为满人的面部表情刻画，汉地的龙凤装饰图案、衣纹纹饰等，这部分佛像由于铜质细腻，制作精美，具有很高的造像艺术价值。

故宫现藏有一部分乾隆仿东印度帕拉、尼泊尔、克什米尔等风格的造像。如有一尊最上成就摩尼宝观音（见图 106），即为乾隆时期仿尼泊尔风格之造像。观音头戴五叶冠，冠饰精美。面相端庄，颜容婉丽，眉眼修长，上眼睑弯曲，十分优美，嘴唇抿笑，表情动人。身体微扭，

坐传统的莲枝座上，游戏坐姿态，右腿伸出，下踏小莲台，左腿平放，左肩披仁兽络腋。四臂所持法器仅剩右下手的剑和左上手的莲花，另外两手所持三叉戟和念珠已失。天衣在头后部飘起，绕两臂而下，在身体两侧卷起。双腿处条棱衣褶，其间以金银丝错嵌花枝图案。其优美的造型，动人的面容，华丽的装饰，宽厚浑圆的双肩，饱满的肌肤，无不流露出浓厚的尼泊尔造像风格的远古气息。

清宫陈设的观音唐卡，大部分是清宫自己制作的，数量众多，制作精美。这类唐卡构图严谨，讲究对称，人物造型常采用具有印度风格的"三折姿式"体态，笔力精细，所绘人物、佛像，栩栩如生。构图上采用曼陀罗的形式，即画面的中心为主尊，周围或上师或佛、护法、法器、供品等。在取景布局上，用鸟瞰全局和散点透视的手法，把远近山、水、树木、楼阁等景物全部组织在一个画面内，山峦顶部常用蓝色渲染，下部为绿色，并运用娴熟的长波状笔触纹理表现重岩叠嶂的效果，而风格化的水波，枝繁叶茂，画面引人入胜（见图 242）。

2. 乾隆时期观音像的佛堂供奉

（1）雨花阁供奉的观音像

雨花阁建于乾隆十四年（1749 年），是在三世章嘉国师若必多吉的指导下兴建的，共三层，供奉的是密宗格鲁派四部神祇。第一层供奉功部（智行品）神祇，第二层供奉事部神祇，第三层供奉瑜伽部神祇，第四层供奉无上瑜伽部神祇。在雨花阁一层供奉着一尊白檀香观音，像高 93 厘米，略呈三折姿式站立，足下踩圆形覆莲座，右手下垂，掌心朝上结与愿印，左手放在腿处，姿态生动自然。背光后的题记曰："乾隆十七年十二月二十六日奉旨供奉番造白檀香自在观世音。"据此可知，这尊观音像是由西藏进献的，是仿照布达拉宫圣观音殿所供古老的自在观音像所

雕做的。

一层又称智珠心印层，设有"西方极乐世界阿弥陀佛安养道场"，档案记载：

> 雨花阁下层仙楼内五彩堆金龛一座，内供……花莲罩上御笔横条一张："西方极乐世界阿弥陀佛安养道场"。

第一层分为仙楼、后殿和前殿，仙楼供奉密宗功德品，后殿供密宗智行品，前殿为抱厦，空间开阔。前殿与后殿之间建有花莲罩以隔开，罩上贴磁青泥金字乾隆帝御笔"西方极乐世界阿弥陀佛安养道场"横条，表明前殿为西方极乐世界道场。

雨花阁设立"西方极乐世界阿弥陀佛安养道场"，反映了乾隆祈求长寿的西方极乐净土思想。西方极乐世界又称阿弥陀净土，简称弥陀净土，阿弥陀佛又名无量寿佛，是西方极乐世界的教主。净土是一种佛教的彼岸世界观念，充满了丰富而美妙的感性享乐内容，若归阿弥陀佛净土，即可死后往生其国，可见佛得道，增长寿命无穷。

由于前殿开辟为极乐世界道场，故后殿密宗四部中的第一部智行品所供诸尊调整为以莲花部诸尊为主，无量寿佛是其中心，后殿佛龛的左右外侧泥金书满、蒙、藏、汉四体文字对照的题记，汉文内容为：

> 此层供奉智行品佛，应念智行品内无量寿佛、四臂观世音菩萨、尊胜佛母、白救度佛母、积光佛母、大悲观世音菩萨、绿度母佛母、随求佛母、白伞盖佛母等经。

后殿佛龛正中供奉无量寿佛，是此层的主尊，唪无量寿佛经，无量寿佛是莲花族的部尊，部主是观音，由于此层已标明是阿弥陀佛的道场，祈寿延年是其宗旨，因此莲花族诸神占据了主要地位：以《大乘无量寿经》为根本经典的无量寿佛位居中心，四臂观音、大悲观音跟随其后，

白度母和绿度母既是观音的化身，又是莲花族的明妃，为其眷属。其他四尊为佛族尊胜佛母、白伞盖佛母、积光佛母和随求佛母。

于阿弥陀佛道场中供奉观音，一方面是由于观音是莲花族部主，他生于阿弥陀佛观想中的一道白光；另一方面则是历代阿弥陀佛信仰与观音信仰相互融合的反映。观音在《妙法莲华经·观世音菩萨普门品》中是一个大慈大悲、救苦救难的形象，《妙法莲华经·观世音菩萨普门品》云：

> 以何因缘名观世音，观世音菩萨即时观其音声皆得解脱，若有持观世音菩萨名者，设入大火火不能烧，由是菩萨威神力故。若为大水所漂，称其名号即得浅处。若有百千万亿众生，为求金银琉璃砗磲玛瑙琥珀真珠等宝，入于大海，假使黑风吹其船舫，飘堕罗刹鬼国，其中若有乃至一人，称观世音菩萨名者，皆得解脱罗刹之难。……威神之力巍巍如是，若有众生多于淫欲，常念恭敬观世音菩萨，便得离欲。若多慎恚，常念恭敬观世音菩萨，便得离慎。若多愚痴，常念恭敬观世音菩萨，便得离痴。无尽意，观世音菩萨，有如是等大威神力多所饶益，是故众生常应心念。

同时，观音在弥陀净土经典中又是弥陀佛的胁侍者和往生人的接引者形象，名气和影响极大。南北朝以来，人们就由于这个原因而信仰崇拜观音，冀之能闻名即来解人之厄难，观音信仰极为兴盛。但是，到了后来，弥陀净土信仰为了自身的发展，又需要弥陀佛也能有一点《妙法莲华经》中观音救苦救难的职能，所以，弥陀信仰和观音信仰很容易地就走向了融合。这种融合的结果就是，信仰观音不仅能解苦解难，同时也能和信仰弥陀佛一样死后往生西方。同样，信仰弥陀佛不仅死后往生西方，同时也能和信仰观音一样得以解脱苦难。阿弥陀佛信仰影响着观音崇拜，而观音崇拜也促进了弥陀佛信仰。

乾隆皇帝崇信藏传佛教，修行成佛、功德圆满。具威神光明，世界放大光明，众生身量无边，悉命成就的阿弥陀佛境界是他一生都不懈追求的目标，对他而言，这种信仰实际包含着两层意义：对在世生命跨度延长的渴望和对死后精神安详与幸福的祈祷。作为一位笃信佛教的帝王，既有对拥有阿弥陀佛及其左胁侍观音两大重要神祇的净土世界的崇拜，更有强烈的世寿延长、江山永固的期望。

（2）其他佛堂供奉的观音像

紫禁城里分布着很多大大小小的佛堂，大多数佛堂的内部陈设布局都依据格鲁派教义，几乎无一例外地将观音供奉在了最为重要的位置上。大乘佛教最重菩萨，也一直在宣传和高扬菩萨精神，在其庞大的神系结构中，菩萨是仅次于佛的第二等果位，远远高于其他尊神，地位尊贵。观音在佛堂中的位置安排，基本上是按照三世章嘉国师编纂的《诸佛菩萨圣像赞》《佛像三百集》所确定的祖师—佛—菩萨—佛母—护法—天王次序布置。现将乾隆时期清宫部分佛堂及内部供奉观音情况摘录如下表。

中正殿位于紫禁城西北角建福宫花园南，以它为中心自南向北分布了雨花阁、宝华殿、香云亭、中正殿、中正殿后楼等十座藏传佛教建筑，为紫禁城内最大的藏

佛堂与观音供奉一览表

佛堂名	始建年代	为佛堂配置的观音像	史料来源
长春仙馆	乾隆九年（1744年）	乾隆九年正月二十四日长春仙馆：救度佛母一尊、上乐王佛一尊……如意观音菩萨一尊	乾隆《造办处活计档》乾隆九年正月二十四日
凝晖堂	乾隆九年（1744年）	乾隆九年正月二十四日交绿救度佛母一尊、宗喀巴佛一尊……如意观音菩萨一尊	乾隆《造办处活计档》乾隆九年正月二十四日
中正殿	乾隆九年（1744年）	乾隆九年四月三十日司库白世秀交文殊菩萨一尊、弥勒菩萨一尊、释迦牟尼一尊、观世音菩萨一尊……	乾隆《造办处活计档》乾隆九年四月三十日
养心殿西暖阁仙楼佛堂	乾隆十一年（1746年）	乾隆十二年太监胡世杰交画像佛四十四张，计开：五方佛五张、白勇保护法一张、六臂护法一张、尊胜佛母一张、白伞盖一张、八大菩萨八张、成锁观音一张、如意观音一张……	乾隆《造办处活计档》乾隆十二年正月十一日
阐福寺	乾隆十一年（1746年）	乾隆十一年四月初九日交降香观音菩萨一尊……铜无量寿佛一尊、铜观音菩萨 尊	乾隆《造办处活计档》乾隆十一年四月初九日
舍卫城	建筑年代不明	乾隆二十四年十一月十二日交阿弥陀佛一尊、观音菩萨一尊、文殊菩萨一尊……	乾隆《造办处活计档》乾隆二十六年十二月二十七日
圆明园九州清晏	建筑年代不明	乾隆二十七年十一月十四日交铜无量寿佛二尊、铜宗喀巴一尊、镀金四臂观音一尊	乾隆《造办处活计档》乾隆二十七年十一月十四日
梵华楼	乾隆三十七年（1772年）	第一妙祥大宝楼上供奉……释迦牟尼佛及观世音菩萨、文殊菩萨等八大佛子等；第三间供奉佛海观世音佛等；第六间供奉十一面观世音、四臂观世音等及观世音大根本经、狮吼观世音、如意观世音、不空羂索观音等功行根本品经	佛堂内汉藏文等四样字题记

传佛教建筑区，总称为"中正殿"。中正殿是一处自明代以来藏传佛教最重要的活动中心，自清入关后，康熙时期，仍利用中正殿作为佛教场所，供奉蒙古各部进献的佛像，但规模有限，大规模的供奉应始于乾隆九年（1744年）。这一年乾隆下旨中正殿重新挂匾，全面进行改造，重新布陈，供奉乾隆精挑细选的观音等各种佛像及唐卡，目的是要把中正殿作为自己的宗教活动场所，用于祈福、祈寿和祈国运长久。

养心殿仙楼佛堂位于西暖阁"勤政亲贤"殿后，乾隆十一年改为佛堂。仙楼佛堂上、下层除唐卡外，还供奉铜佛像、法器、经书等。楼上南、西、东三面墙壁上供奉唐卡44幅。其中包括了成锁观音、如意观音（见图220）和尊胜佛母等长寿神组合像。在仙楼佛堂供奉的众多唐卡中，五方佛的地位最高，供奉于仙楼的正面，菩萨、佛母、天王类唐卡分置四周，同时又形成护持无量寿宝塔的格局，突出了无量寿宝塔这一中心主题。仙楼是乾隆皇帝为自己精心布置的，反映了他祈求己身长寿幸福、功德圆满的思想。

梵华楼位于紫禁城宁寿宫东北隅，是宁寿宫区内的一座佛堂建筑，乾隆四十一年建成。梵华楼坐北朝南，面阔七间，明间以外的六室，代表藏传佛教修行的六个部分，故而清代宫廷称"六品佛楼"。内部按照不同的品级供设佛塔、佛像、画像、供器、法器。梵华楼是现存原状佛堂中供奉观音像最多的一处佛堂，显密两教众多观音变化形象汇聚一堂，为研究观音神格系统提供了丰富的图像学资料。梵华楼是乾隆皇帝作太上皇颐养天年之地，观音、无量寿佛等吉祥福寿类尊神组合占据了半壁江山，同样反映了乾隆帝追求养心延年、福寿双至的精神需求。

三 清代各地进献的观音像

由于观音具有慈悲的神格而广受欢迎，在佛教怛特罗神系中地位很高，随着对他的信仰的广泛流行，赋予他的特点和功能也越来越多。对于帝王家族而言，对观音的崇拜更多地表达了他们对帝祚长久、国泰民安、四方宾服等的强烈愿望。为了迎合皇室这种信仰需求，清代西藏班禅、达赖及甘肃、青海、蒙古等地宗教领袖、各民族首领及满汉大臣等人纷纷向宫中进献观音像，作为年班朝贡的礼品及寿礼。在这些进献像中，除有西藏周边、西北、东北印度以及尼泊尔等地的作品外，还包括了大量的西藏本地以及汉地作品，地域不同，佛像造型、风格及工艺特点各异，代表性地反映了藏传佛教造像的发展脉络，显示出不同时代、不同地区的造型特点与艺术成就，蕴含了丰富的历史文化信息，在清宫藏传佛教造像中具有无可替代的地位（见图57）。

乾隆时期各地为祝寿进献的观音像数量最多，这也从另一侧面反映了乾隆时期观音崇拜的盛行之势。

例如故宫藏有一尊铜镀金四臂观音，高65厘米，工艺精湛，是乾隆三十七年六世班禅进献的寿礼。该像所附黄条记载：

乾隆三十七年十二月十二日，钦命阿旺班珠尔胡土克图认看供奉大利益扎什琍玛四臂成锁观世音菩萨。

乾隆四十五年，乾隆皇帝70大寿时，六世班禅不远万里来京朝觐祝寿，其间向乾隆皇帝进献了大量的观音像及唐卡作为寿礼，据《六世班禅洛桑巴丹益希传》记载：

为谢圣恩，敬备礼品洁白哈达、无量寿佛和赐寿如意轮及作明佛母等镶璁玉扎西响铜佛像（扎什琍玛佛像）、观音和文殊菩萨之响铜佛像及其佛衣。

途经多伦诺尔时又呈进：

无量寿佛和观音之吉祥响铜佛像各一尊、恰那多杰吉祥响铜佛像一尊。弥勒赤金佛像一尊，以及各佛像之佛衣。

文殊菩萨大皇帝驾临普陀宗乘之庙、须弥福寿之庙，为众生祈求福祺……献谢恩福瑞哈达，扎西琍玛佛（扎什琍玛佛）观音三尊。

这些观音像是六世班禅献给乾隆皇帝最为珍贵的礼物，表达了他祝寿时无比的敬仰之情和初瞻天颜时的感动。

从佛像所系黄条和档案可知，除六世班禅外，还有以下活佛进献过数量不等的观音像。

七世班禅：

乾隆五十九年十二月初九日，收班禅额尔德尼进大利益扎什琍玛四臂观世音菩萨。

八世班禅：

同治元年三月初九日，收杨长喜交后藏班禅额尔德尼恭请圣安呈进观音佛一尊。

八世达赖：

嘉庆七年正月初二日，达赖喇嘛递丹书克进哈达一个，银曼达一个，扎什琍玛无量寿佛一尊……达赖喇嘛另进扎什琍玛观世音菩萨一尊，扎什琍玛释迦牟尼佛一尊。

这是八世达赖喇嘛强白嘉措在清制定治理西藏事务的二十九条《钦定章程》后进献的首份寿礼。

嘉庆十四年六月二十八日，达赖喇嘛之呼毕勒汗阿克旺咙多克嘉穆嗟恭谢天恩递丹书克进哈达二个，舍利子两粒，银曼达一个，扎什琍玛无量寿佛一尊，扎什琍玛释迦牟尼佛一尊，扎什琍玛文殊菩萨一尊，扎什琍玛观世音菩萨一尊，扎什琍玛普贤菩萨一尊。

嘉庆十七年正月初二日，达赖喇嘛之呼毕勒汗递丹书克进哈达一个，银曼达一个，扎什琍玛无量寿佛一尊，金字无量寿经一部；同日，达赖喇嘛之呼毕勒汗另进扎什琍玛释迦牟尼佛一尊，扎什琍玛观世音菩萨一尊。

九世达赖：

前藏达赖喇嘛恭祝万寿呈进琍玛观音佛一尊。

进贡而来的观音唐卡数量很多，有单幅画和成堂的组画（见图221～229），尤以组画最为精彩，如乾隆四十五年班禅进献的一堂完整的观音组画，以大胆的夸张手法，生动描绘了颇为罕见的九种密宗观音形象。成系列的多幅观音唐卡，具有一致的绘画风格，对17至18世纪西藏与汉地不同画派的艺术风格、艺术成就的探讨十分有意义。

铜雕观音

1. 铜吴洛宗造莲花手观音像

<u>北魏太和十一年（487年）</u>

<u>高15.5厘米 宽6.8厘米</u>

舟形背光。观音高髻，身著帔帛，右手
持长茎莲花，跣足直立在圆台上，下为外侈四
足座。座上刻发愿文："太和十一年七月二日，
蒲阴县人吴洛宗为亡父造观世音像一躯，愿
居门大小，现世安隐，常与佛会。"

观音又称"观自在"、"观世音"。他是佛
教最受欢迎的尊神，据传说，他生于阿弥陀佛
观想中的一道白光，以广大的慈悲胸怀救济
众生，代表了菩萨神格里最为核心的部分而
成为佛教最重要的神祇。观音的变化身很多，
普陀山为其修行道场。

2．铜鎏金郭武牺造莲花手观音像

<u>北魏太和二十三年（499 年）</u>

<u>高 16.5 厘米　宽 6.2 厘米</u>

观音头戴冠，椭圆形面庞，修眉细目，眼角略向上翘，尖鼻。右手持长茎莲，左手握帔帛一角，帔帛缠绕其袒露之上身，下著裙，跣足直立。舟形火焰纹背光。像背面供养人手持香花，礼拜释迦牟尼。释迦牟尼著圆领袈裟，结跏趺坐，形象高大庄严，与供养人形成鲜明对比。像底部为外侈四足座，正面为二供养人，一男一女，他们是造像的出资者和供奉者。背面刻有发愿文："太和廿三年五月廿日，清信士女郭武牺造像一区，所愿从心，故已耳。""太和"为北魏孝文帝年号，"廿三"年即 499 年，"已"当是"记"或"纪"的俗写。

此类造像为北魏中晚期一种常见的造型，流行于河北、河南一带。这类观音像对衣饰的刻划非常精细、准确，飘逸飞动的帔帛尤其令人称道。此像曾经为尊古斋主人黄浚收藏。

3. 铜鎏金保进造莲花手观音像

<u>北魏神龟元年（518 年）</u>

<u>高 19.6 厘米 宽 7 厘米</u>

　　舟形背光。观音高髻，身著帔帛，帛带飞
扬飘动。右手持长茎莲，跣足直立在四足座上。
座上刻发愿文："神龟元年十二月十日，比丘
僧保进造观世音像一躯……"

4. 铜貉建造观音像

北魏正光三年（522 年）

高 19 厘米 宽 7.1 厘米

　　舟形火焰纹背光。观音头戴三叶冠，身著帔帛，跣足直立在莲花台上，下为四足座。座上刻发愿文："正光三年正月二日，九门县人貉建为亡父母敬造观世音像一躯，右为居家眷属，建息阿昌、□宗、□□。"

5. 铜刘继保造观音像

<u>东魏天平二年（535 年）</u>

<u>高 14 厘米 宽 6.3 厘米</u>

　　舟形背光。观音头戴三叶冠，帔帛在胸前相交。左手施与愿印，右手施无畏印，跣足直立在圆台上，下为四足座。座上刻发愿文："天平二年正月廿一日，佛弟子刘继保遭苦难，敬愿造观世音像一区，常愿与善相直，直佛闻法。"

6. 铜鎏金张小兴造观音像

<u>东魏天平二年（535 年）</u>

<u>高 14.3 厘米 宽 5 厘米</u>

　　舟形火焰纹背光。观音双手一上扬，一下垂。跣足直立，下为双层四足座。座上刻发愿文："唯大代天平二年六月廿三日，定州常山郡行唐县清信士佛弟子张小兴造观世音像一区，上为国家，又为亡父母，己身眷属，遍地众生，咸同福庆。"

7. 铜鎏金裴双□造观音像

东魏元象元年（538 年）

高 9.5 厘米　宽 3 厘米

　　舟形火焰纹背光，内为圆形莲瓣纹头光。观音头戴三叶冠，身著帔帛，双手施无畏、与愿印，跣足直立圆台上，下为四足方座。座上刻发愿文："元象元年十二月日，佛弟子裴双□造观音像一区，为息放……"

8. 铜孙青周造观音像

东魏兴和三年（541 年）

高 11.7 厘米　宽 5.4 厘米

　　舟形火焰纹背光，顶部有化佛，内为圆形莲瓣纹头光。观音身穿天衣，双手施无畏、与愿印，跣足直立在莲台上，两侧有二胁侍菩萨。莲台下为四足方座。座上刻发愿文："兴和三年六月廿八日，佛弟子孙青周自为己身，敬造观世音象一区，愿□□□□，愿愿从心，侍供养。"

9. 铜杜归洛造观音像

东魏武定六年（548 年）

高 17 厘米 宽 6.6 厘米

舟形火焰纹背光，分内外两区，外区饰火焰纹，内为圆形头光。观音头戴三叶冠，身穿天衣，双手施无畏、与愿印，跣足直立在圆台上，圆台下为双层四足方座。座上刻发愿文："武定六年七月一日，九门县伯璧村杜归洛上为国家，下为边地众生，后为先亡七世父母，现存眷属，毋病苌寿，敬造观世音像一区。"

10．铜维凤盛造观音像

<u>北齐天保七年（556 年）</u>

<u>高 13.8 厘米 宽 4.8 厘米</u>

舟形火焰纹背光。观音头戴三叶冠，双手相交胸前，跣足直立高圆台上，下为四足座。座上有孔，推测是安插狮子或香炉之用。座上刻发愿文："天保七年，佛弟子维凤盛造观世音像一区，为边地众生、亡父母，所愿如是。"

11．铜鎏金马崇晖造观音像

<u>北齐天统二年（566 年）</u>

<u>高 14.5 厘米 宽 5.1 厘米</u>

舟形火焰纹背光。观音头戴三叶冠，系宝缯，双手一上扬，一下垂。跣足直立在圆台上，下为四足座。座上刻发愿文："天统二年五月廿五日，中丘县人马崇晖为女掌爱敬造观世音像一区，有为居家大小，一时成佛。"

12. 铜鎏金观音像

北齐天统二年（566 年）

高 16.1 厘米 宽 5.6 厘米

　　舟形火焰纹背光。观音头戴三叶冠，系宝缯，缯带下垂。身穿交领衣，帔帛在胸前相交。左手施与愿印，右手施无畏印，跣足直立在莲花圆台上，下为四足座。座上刻发愿文："天统二年七月十五日，佛弟子·□□见十三人□敬造观世音像一区，为亡父母，现在有为，七世父母，因缘眷属，边地众生，寿忠涅槃，一时成佛。"

13. 铜鎏金常聪造杨枝观音像

隋开皇三年 (583 年)

高 18.5 厘米 宽 6.7 厘米

  此像躯尊与趺座合铸成为一体，头光缺失，像身鎏金多剥落。跣足立于圆形莲花座上，头戴花冠，缯带坠垂，俯面下视，表情庄严端肃。左手持净瓶，右手执杨枝。趺座刊造像记："开皇三年岁次癸卯九月八日，佛弟子常聪为息明汪敬造官世音像一区。"这是一尊比较罕见且造型精致的隋代杨枝观音像。

  杨枝观音，以杨枝蘸取瓶中甘露水，拂洒人间，消除众生的烦恼垢浊。印度民间很早就有以某种植物枝条净齿的习俗，这些枝条被称作"齿木"。在汉译佛经中，"齿木"往往被译作"杨枝"。《华严经·净行品》称："手执杨枝，当愿众生，皆得妙法，究竟清净。"又称："嚼杨枝时，当愿众生，其心调净，噬诸烦恼。""杨枝"是古代僧人必备的除垢洁齿之物，所以佛门中常把它作为涤除尘垢烦恼、清净心地的象征。

14. 铜鎏金赵显起造观音像

隋开皇十年（590年）

高14厘米 宽7厘米

舟形火焰纹背光。观音头戴三叶冠，跣足直立在圆台上，两侧莲花上各有一合掌胁侍菩萨。下为四足座。座上刻发愿文："开皇十年六月十九日，佛弟子赵显起为父母□□□亡息男敬造观世音□一区。"

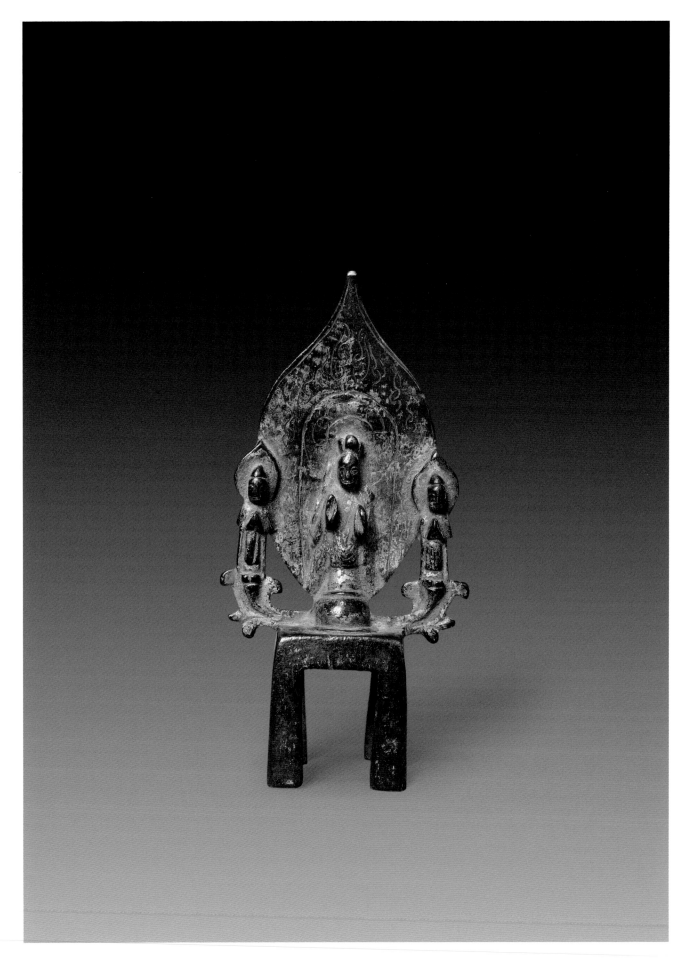

15. 铜杨兰景造观音像

隋开皇十二年（592年）

高14厘米 宽8厘米

　　观音跣足直立，施无畏、与愿印，胁侍二菩萨。四足趺座刊造像记："开皇十二年十月廿八日，佛弟子杨兰景愿合家大小平，造官世音像一区，今得成就。"观音仍挎旧式帔帛，反映了当时金铜佛造像的保守倾向。

16．铜丁永达造观音像

<u>隋开皇十四年 (594 年)</u>

<u>高 14 厘米 宽 4.9 厘米</u>

舟形火焰纹背光，分内外两区，外区饰火焰纹，内为圆形头光，背光顶部较尖。观音头戴三叶冠，身穿天衣，双手施无畏、与愿印，跣足直立在圆台上，圆台下为四足方座。座上刻发愿文："开皇十四年三月五日，佛弟子丁永达造官世音像一区，合家大小，□安心供养。"

17．铜吕□斌造杨枝观音像

<u>隋仁寿元年（601 年）</u>

<u>高 15 厘米 宽 5 厘米</u>

桃形头光。观音头戴三叶冠，上身袒露，胸饰璎珞。右手持杨枝，身躯略呈 "S" 形，跣足立于圆台上，下为四足座。座上刻发愿文："仁寿元年五月廿八日，佛弟子吕□斌愿造观世像一区，上为皇帝陛下，七世父母，因缘眷属，法界众生，共成佛道。"

18. 铜鎏金弥姐训造杨枝观音像

<u>唐武德六年（623年）</u>

<u>高 17.5 厘米 宽 5.1 厘米</u>

　　桃形头光，阴线錾刻火焰纹。观音著长裙，手持杨枝与净瓶，立于覆莲圆座上，圆座下为方形四足座。座上镌发愿文："武德六年四月八日，正信佛弟子弥姐训为亡子炽造观世音菩萨一区，及为合家大小，普同愿造。"

　　魏晋至隋，在金铜佛像上铸造发愿文标明纪年屡见不鲜，皆为惯例。入唐以后，有发愿文者顿减，具纪年发愿文者更少，具"武德"铭者尤为罕见。此造像不仅为我们研究唐初金铜佛提供了时代标准，也为我们研究当时的造像习俗提供了资料。

19. 铜鎏金杨枝观音像

<u>唐</u>

<u>高 15.3 厘米 宽 5.3 厘米</u>

桃形火焰纹头光。观音头戴三叶冠，系宝缯，缯带下垂。右手持杨枝，身躯略呈"S"形，跣足立于莲花上。台座较高，底部为八棱柱形，上接圆形束腰台，与观音足下之莲花对接。观音雕刻精美，是隋至初唐时期流行的样式之一。

20. 铜鎏金杨枝观音像

<u>唐</u>

<u>高 19.3 厘米　宽 6.2 厘米</u>

　　桃形镂空火焰纹头光。观音头戴三叶冠，上身袒露，胸饰璎珞。右手持杨枝，身躯略呈"S"形，跣足立于莲花座上，下为方形座。

21. 铜鎏金杨枝观音像

唐

高 13.6 厘米 宽 4.7 厘米

桃形火焰纹头光。观音头戴三叶冠,上身袒露,胸饰璎珞。左手持净瓶,右手持杨枝,身躯略呈"S"形,跣足立于莲花上。原有插合的底座已失。

该像铸造精美,体现了唐朝佛教造像的典型特征。

22. 铜鎏金杨枝观音像

唐

高 11.5 厘米 宽 3.5 厘米

桃形火焰纹头光。观音头戴三叶冠,上身袒露,胸饰璎珞。右手持杨枝,身躯略呈"S"形,跣足立于莲台上,下为四足方座。此为唐朝较为流行的一种样式。

23. 铜鎏金千手千眼观音像

<u>五代至宋</u>

<u>高 38 厘米 宽 30 厘米</u>

观音头戴双层宝冠，系宝缯，缯带在耳后扎花结后下垂。长方形脸，额开天目，修眉，双睛微闭，嘴角略呈笑意，大耳下垂，下饰耳珰。颈有三道弦纹，胸饰璎珞，上著帔帛，下著长裙。正中两手合十，左右各有手臂 20 只，手心有眼，手中持念珠、宝瓶、盾牌、莲蕾、宝镜、法螺、法轮、弓、杵、碗、禅定佛、日、月、印（印文为"大吉"）、杨枝、羂索、箭、环、骷髅、摩尼宝珠、宝塔、经箧、经卷等法器。倚坐，台座已失，手臂分铸，插合而成。

千手千眼观音为六观音之一，其经典来自《千手千眼观世音菩萨广大圆满无碍大悲心陀罗尼经》、《千手千眼观世音菩萨姥陀罗尼身经》等。千手表示遍护一切众生，千眼表示遍照世间万物。悲意为能救拔他人之苦难，具有无上之法力。其形象至迟到唐朝已经出现，在四川安岳卧佛院、圆觉洞、千佛寨及重庆大足石刻等唐、五代、两宋时期佛教造像中，成为常见的题材。较为流行的样式有两种：一是刻出千手千臂，每只手中刻绘一只眼睛；一是正中两手合十，另外左右各有手若干只，每只代表一定数目，二者相乘，合数为千。千手千眼观音具有慈悲心肠，故深受人们的喜爱。

24. 铜鎏金陶善造观音像

<u>辽太平二年（1022 年）</u>

<u>高 14.5 厘米 宽 9.5 厘米</u>

　　观音头束发箍，发箍正前上方有化佛，浓眉短粗，唇及颏下有胡须。结跏趺坐，双手拇指相对，其余手指相叠压，做禅定修行。背后刻有发愿文："太平二年二月十九日，仏弟子陶善为母敬造观世音象一区，眷属人口供养。"

25．铜鎏金观音像

辽

高 13.8 厘米　宽 3.6 厘米

观音头上正中有化佛。身穿覆肩天衣，袒胸，下著长裙，双手相叠于胸前，似托一莲花。跣足直立，足下为小莲台，莲台下为方形束腰须弥座。虽然胸部较为扁平，尚没有完全表现出女性特征，但面部表情娴静温婉，慈祥可亲，在神态上已经女性化。

辽代观音像以坐姿为主，这种直立的形象较为少见。

26．铜鎏金观音像

辽

高 13.4 厘米　宽 6 厘米

观音头戴宝冠，高束发髻，系宝缯。面庞圆润丰满。身披帔帛，胸饰璎珞，左舒相坐双层仰莲台上，左脚踏莲花。下为圆形束腰座。

此像冠式、莲座等都是辽代造像中常见的样式。

27. 铜鎏金观音像

<u>辽</u>

<u>高 18 厘米 宽 12 厘米</u>

　　观音头戴宝冠，冠上有化佛，前额有白毫，面庞圆润，眉眼清秀，含有笑意。宝缯自肩部下垂，胸饰璎珞，帔帛缠绕上身，下著长裙。左腿盘坐，右小腿直立，双手一扶地，一置于膝上，呈游戏坐，姿势优美自然，是辽代金铜佛教造像中的精品。

　　此像 1981 年出土于河北围场。

28. 铜观音像

辽

高 23.8 厘米　宽 12.7 厘米

　　观音头戴高冠，冠上有化佛，眉眼清秀，含有笑意。宝缯自肩部下垂，胸饰璎珞，帔帛缠绕上身，下著长裙。结跏趺坐。衣饰线条流畅，褶皱自然。

29. 铜可聪造观音像

<u>明嘉靖六年 (1527 年)</u>

<u>高 23.5 厘米 宽 16.4 厘米</u>

　　观音结跏趺坐，双手交叉于袖内。面阔而方，云纹冠前面中央饰化佛，上罩披风。背部刊造像记："嘉靖六年□日造，可聪。"

　　面阔而方是明永乐年间藏传金铜佛像的典型特征，此像继承了这一表现形式。

30. 铜鱼篮观音像

<u>明嘉靖二十四年（1545 年）</u>

<u>高 42 厘米 宽 14.5 厘米</u>

观音束发，上身穿右衽衣，衣袖宽大，外覆帔帛，下穿长裙，跣足直立在莲花座上。左手持一篮，篮内有鱼一尾。神情与衣饰类似一普通妇人。莲座背后阴刻："嘉靖廿四年十二月造。"

鱼篮观音最初称马郎妇，后来在民间演变成提鱼篮的形象。明代宋濂《鱼篮观音像赞》说："陕右金沙滩上，有美艳女子，挈篮鬻鱼，人争欲室之。"明朝万历皇帝的母亲李太后曾亲绘鱼篮观音图，并勒石流传，鱼篮观音遂成为明清时期常见的一种观音造型，深受信众的喜爱。

31. 铜许旱造观音像

<u>明万历二十五年（1597 年）</u>

<u>高 24.5 厘米 宽 12.7 厘米</u>

　　观音结跏趺坐台座上，施禅定印，戴筒形冠。台座左侧雕鹦鹉，右侧雕净瓶。像背刊造像记："信士许旱诚心敬铸观音一尊，于家中奉祀。祈保合家清泰，人丁兴胜事。万历丁酉岁八月吉日铸。"座背刊："南丰邓洛造。"

　　南丰属于建昌府，即今江西南丰。此像通体磨光，受到了瓷塑作品的影响。

32. 铜漆金王纪造观音像

<u>明</u>

<u>高 25 厘米 宽 19.5 厘米</u>

观音头戴宝冠，冠上正中有化佛。前额有白毫，身穿天衣，胸饰璎珞，双手施禅定印，结跏趺坐。座前有善财和龙女，座两侧有宝瓶和鹦鹉。背后刻有"匠人王纪，二十三年造"款。

在元明清时期，民间流传一只白色鹦哥（鹦鹉）为了孝养它的妈妈，不怕经历各种危难，其诚意打动观音，最后跟随南海观音到普陀山修道习法而得正果的故事。因而在此一时期的观音造像中，鹦鹉成为常见的母题之一。

33. 铜鎏金观音像

<u>明</u>

<u>高 36 厘米 宽 24.3 厘米</u>

　　观音头上有化佛。眉目清秀，给人静穆慈祥之感。胸前饰璎珞，左手持钵状物，右手持杨枝，结跏趺坐。

　　该像既有汉传佛教造像的风格，又受到了藏传佛教造像的影响。

34. 铜观音像

<u>明</u>

<u>高 33.1 厘米 宽 23.4 厘米</u>

　　观音头上有化佛。眉目清秀，大耳下垂，给人静穆慈祥之感。胸前饰璎珞，双手拇指相对，其余四指相叠，做禅定印。结跏趺坐。

　　该像既有汉传佛教造像的风格，又受到了藏传佛教造像的影响。

35. 铜观音像

<u>明</u>

<u>高 9.2 厘米 宽 6.5 厘米</u>

　　观音高盘发髻，五官端庄自然，双目微睁下垂，一副悲天悯人的神态。右手下垂，左手略翘三指结成环状。肩覆帛巾，身披天衣，内著裙，裙腰至胸。衣纹流畅生动，衣摆覆地，露右足。左腿盘地，右膝支立，呈游戏坐姿。

36. 铜观音像

<u>明</u>

<u>高 45.6 厘米 宽 17.3 厘米</u>

　　观音立在仰覆莲圆座上，双手施转法轮
印。戴五叶花蔓冠，花蔓冠前部中央为一化佛，
顶端置一宝珠。左肩一鹦鹉，右肩一注子，注
子应为净瓶的另一种变形。

　　化佛是观音的一种标志，鹦鹉与净瓶常
见于水月观音像中，推测该像受到了水月观
音造型的影响。

37. 铜观音像（残）

明

高 43 厘米 宽 35 厘米

颈以下缺失。观音戴三叶云纹冠，冠正面中央饰化佛。面部造型及发型与河南新乡市博物馆藏明正德年间普贤像一致，年代应比较接近。

38．铜水月观音像

<u>明</u>

<u>高 14.5 厘米</u>

　　观音头戴冠，冠上有化佛。上身祖露，胸饰璎珞。下穿长裙。左手掌心向下，左足下垂，右臂搭放于右膝上，右足抬起，神情娴雅静穆，姿态自然优美，是水月观音的典型姿势。像座已失。

　　水月观音为三十三观音之一，在我国的一些寺院中多有供奉。唐代著名画家周昉曾赞美水月观音："颇极丰姿，全法衣冠还近闾里。衣裳劲简，彩色柔丽。菩萨端严，妙创水月之体。"这对晚唐五代时期造像产生了相当大的影响。宋元时期供养水月观音成为时尚，直至明清时期仍可见其影响。尤其是水月观音像的游戏坐姿，在其他菩萨造型中也常被采用。

39．铜水月观音像

<u>明</u>

<u>高14.9厘米 宽9.2厘米</u>

　　该像眉间白毫相，头戴花蔓冠，宝缯于两侧垂肩而过，胸前饰璎珞，左胸处雕刻仁兽。帔帛绕过肩臂后，右手将其一端提起，另一端顺左臂垂下。身著长裙，下摆覆座垂于足上。水月观音以磐石为座，呈游戏坐姿，左足垂于石上，右足上曲支地，右臂搭放于右膝上，左手掌心撑地，神态安详宁静，犹如正观赏水中月影一般。

　　该像雕刻细腻，形象生动，具有时代风格，是明代水月观音造像之精品，具有重要的历史与艺术价值。

40．铜嵌银丝石叟款观音像

<u>明</u>

<u>高14.6厘米　宽13.5厘米</u>

观音直鼻小口，目光慈祥，庄重娴雅，衣纹随形体处理，简洁流畅，手、足、发刻划细致入微。衣饰嵌银丝，背面银丝嵌"石叟"款，体兼篆隶。

石叟是明代晚期一位佛教造像冶铸大师。石叟的身世，史籍乏载，但名字却因其作品流传下来。石叟的铜像作品，主要为佛教人物，观音尤多。观音或头戴斗篷，站立于波涛之上；或自在端详，斜倚于书箱之旁。形象虽有不同，总体风貌却无二致，无论是法衣观音、渡海观音，还是书箱观音，均突出其端庄宁静、娴雅可亲的气质。

石叟铜造像所取得的艺术成就，与明代高度发达的冶铜技术密不可分。在此之前宣德时期所铸铜炉，便是经过多次熔解提炼，剔除了各种杂质后冶炼出来的，其铜质精美，色调柔和多样，表面光泽细润，并以鎏金或鎏银为常用装饰手法之一。石叟所用铜材，与普通佛教造像使用的青铜、红铜并不一样，它以紫铜为主。这种紫铜，质地精细，润泽发光，经过多次冶炼而成。

41. 铜嵌银丝石叟款观音像

<u>明</u>

<u>高 30 厘米　宽 21.5 厘米</u>

　　观音身穿天衣，下著长裙，右腿上翘，呈自在之姿。面庞清秀雅静，超凡脱俗，令人起敬慕之心，生高尚之趣。衣纹折叠有序，起伏变化自然。像背后银丝镶嵌"石叟"款，体兼隶篆。

42. 铜嵌银丝石叟款观音像

<u>明</u>

<u>高 22.6 厘米　宽 15 厘米</u>

　　观音发髻盘起，发丝细密，梳理整齐。修眉细目，直鼻小口，双目微闭，大耳下垂。身穿天衣，衣袖宽大。左腿盘坐，右小腿斜倚，双手相交于右膝上，呈游戏坐，姿势优美自然。像背后银丝镶嵌隶篆体"石叟"款。

43. 铜嵌银丝石叟款观音像

<u>明</u>

<u>高 50.3 厘米　宽 16.6 厘米</u>

　　观音直立，身穿天衣，椭圆形面庞。额上有白毫，眉目清秀。胸饰项链、腕有钏饰，双手自然相搭。跣足，下为长方形座。背后银丝镶嵌"石叟"款，体兼隶篆。

　　此像流畅飘动的衣带，自然悠闲的姿态，加之细如毫发的镶嵌银丝，古朴凝重的紫铜质地，更强化了观音的精神魅力。

44. 铜嵌银丝石叟款观音像

<u>明</u>

<u>高 50 厘米 宽 14.3 厘米</u>

　　观音发髻盘起，发丝细密，梳理整齐。修眉细目，直鼻小口，双目微闭，大耳下垂。身穿天衣，被风吹动，飘飘欲起，呼应足下的波涛。身体略呈"S"形，使得形体更富曲线美。像背后银丝镶嵌隶篆体"石叟"款。

45. 铜嵌银丝石叟款观音像

<u>明</u>

<u>高 54 厘米　宽 17 厘米</u>

　　观音发髻盘起，发丝细密，梳理整齐。修眉细目，直鼻小口，双目微闭，大耳下垂。身穿天衣，衣袖宽大，胸饰璎珞。跣足直立，原座已失。衣饰边缘等处镶嵌银丝，突出了高贵雍容的气质，自然下垂的衣纹与被风吹动的衣袖，显示出石叟作品的与众不同。像背后银丝镶嵌隶篆体"石叟"款。

46．铜嵌银丝石叟款观音像

<u>明</u>

<u>高 37 厘米　宽 11 厘米</u>

　　观音发髻盘起，发丝细密，梳理整齐。修眉细目，直鼻小口，双目微闭，大耳下垂。身穿天衣，衣袖宽大，胸饰璎珞，直立在波涛之上。衣饰边缘等处镶嵌银丝，像背后银丝镶嵌"石叟"款，体兼隶篆。

　　该像清秀典雅，与同时代瓷塑作品相类似，是明代晚期艺术佳作。

47. 铜嵌银丝林青款观音像

<u>明</u>

<u>高 27 厘米 宽 10.5 厘米</u>

　　观音发髻绾起，盘成螺形，头微侧，略向下视。身穿天衣，跣足直立，足下为涌起之波涛。

　　晚明时期，奢靡之风盛行，特别是在经济、文化较为发达的江南地区，各种工艺品的制作非常精致。一些匠人与文人酬唱往还，作品中加入了许多文人审美倾向，出现了石叟等一批著名匠人。林青便是此群体中的一员，其工艺同石叟一样，都采用嵌银丝方法，做工细致精美。观音像背后刻有篆书"林青"印款。

48. 铜观音像板

<u>明</u>

<u>高 16 厘米　宽 11.2 厘米</u>

　　观音居中，善财与龙女相侍左右。善财足踩莲花，双手合十，拜向观音，头上仙鸟口中衔珠一串，展翅飞翔；龙女双手捧净瓶，背后衬以竹子；观音坐于莲花上，高梳发髻，双手一扶膝，一持杨枝，面向善财。莲花之下，为汹涌波涛。像板背面铸刻阳文六列，每列八至十字不等，铭文为："南无佛，南无法，南无僧，南无救苦救难观世音菩萨……天罗人，地罗人，人离难，难离身，一切灾殃化灰尘。"此为"白衣咒"内容，此观音很可能为白衣观音。

　　善财也称"善财童子"，佛教菩萨名。据《华严经·入法界品》载，善财生时种种珍宝自然涌出，故取名"善财"。后受文殊指点，参拜 53 位高师，最后遇到普贤，实现成佛行愿。其常与龙女一起出现，相伴在观音身旁。龙女，据《法华经·提婆达多品》载，有娑竭罗龙王女，年始八岁，便聪明异常，常听文殊讲《法华经》，后来见佛献宝，变为男身，立地成佛。观音与善财、龙女及净瓶、仙鸟等共同出现，为明清时期常见题材之一，此构图与铸刻技法在同类题材中属上佳之作。

49. 铜鎏金观音像

<u>清</u>

<u>高 28 厘米 宽 18 厘米</u>

　　观音头戴宝冠，冠上有化佛。身披帔帛，胸饰璎珞，右手持杨枝，左手托瓶。结跏趺坐于莲台上。莲台左右胁侍善财和龙女。

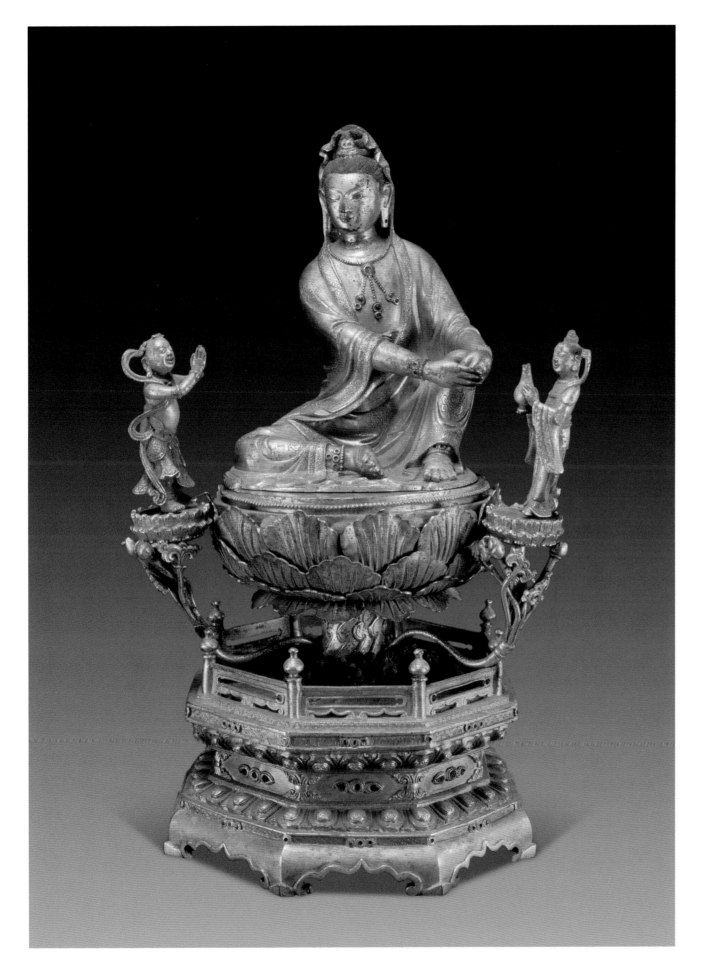

50. 铜鎏金观音像

<u>清</u>

<u>高 32.2 厘米 宽 21 厘米</u>

　　各部件分铸后组合在一起。下部为束腰八角形仰覆莲座，座上铸成水流波涛状，水中央生出一粗茎大莲花，莲花上观世音游戏坐，头戴披风。莲花干茎上又分出二支茎，茎上各出一莲花，莲花上分别为执净瓶龙女、合掌善财童子。

51. 铜鎏金千手千眼观音像

<u>清</u>

<u>高 16.5 厘米</u>

　　观音正中双臂相对，双手合十，跣足直立在莲花台上。其余诸臂各持法器。左右侧各站立一人，可能为善财与龙女，也可能是乞丐与饿鬼。

　　此造像设计成影壁形式，除具有象征意义外，更利于供养崇拜。

52. 铜四臂观音像

<u>7～8 世纪</u>

<u>高 15.5 厘米</u>

观音一面四臂，为密教变化身，与后来西藏式的四臂观音似乎没有直接关系。头戴三叶宝冠，冠叶宽大，正中有无量光佛，两侧冠叶侧立，几乎与中叶垂直。面部厚泥金，鼻梁粗大，颊颐丰满。身体肌肉饱满，似富有弹性。右上手与左上手的持物已失，右下手掌有残断痕迹，可能是莲枝，左下手持净瓶。

从图像学特征来看，此像与弥勒菩萨很接近，净瓶就是最好的证明。但是现代学者研究证实，净瓶甚至于仁兽皮均不是区别观音菩萨和弥勒菩萨的标准。在北印度的众多石窟中已有大量的实例可以证明，在公元 7～11 世纪的印度西北地区及西藏西部，观音菩萨和弥勒菩萨持同样的法器。如此尊观音菩萨，由于法器丢失很多，能与弥勒区别开来的唯一标志就是冠叶中的无量光佛。从艺术的角度看，此造像除了冠式、身体的肌肉表现有明显的斯瓦特风格以外，裙上阴线刻纹饰，莲座的莲瓣肥大，直接着地，均是斯瓦特风格中最流行的做法。整个作品加工精美，是斯瓦特艺术品的佳作。莲瓣上有藏文题刻，系后人所增刻。

53. 铜莲花手观音像

<u>8 世纪</u>

<u>高 20.5 厘米</u>

　　观音头戴小叶冠，身体健壮。右手施与愿印，左手持莲花。双肩垂落长发，大耳珰。上身袒裸，下身著裙，系珠宝腰带，右臀到左腿系禅思带，一副苦修者的装束。莲瓣尖有一皱起和高大拱门式背光是东北印度造像的特点。方台座下方跪一供养人形象。背光后面有梵文，内容是因缘咒 (法身偈)。原清宫所系黄纸签云："大利益梵铜琍玛观世音菩萨。乾隆五十八年八月二十六日收，热河带来。"

　　早期观音与其他菩萨一样，其造像均多具有表达苦修者思想的成分。

54. 铜观音像

8 ~ 9世纪

高 13.2 厘米

观音头戴三叶冠，冠叶散开较大。面部、颈部涂金，面貌已难认清。饰花形耳珰，垂于两肩之上。上身赤裸，下身著裙，一角自宝座垂下。右手施与愿印置于右膝上，左手持一朵盛开的莲花。游戏坐坐于方形台上。背后有一卵圆形大连珠纹背光。此像所附黄条云："大利益梵铜琍玛观世音菩萨。乾隆四十五年十月初六日收，热河带来。"

这尊造像整体造型、装饰极为简洁、生动，展现了早期尼泊尔艺术的独特魅力。

55. 铜鎏金四臂观音像

<u>8～9世纪</u>

<u>高 12.7 厘米</u>

观音头戴三叶冠，正中冠叶上有无量光佛，上二手向上抬起，应持莲枝，下右手施与愿印，下左手持净瓶，全跏趺坐。左肩披圣线和仁兽皮，台座为双狮垂帘下加莲座，莲瓣直接着地。原清宫所系黄纸签云："大利益梵铜琍玛（残）。二十五年三月（残）。"此"二十五年"当指乾隆二十五年。

四臂观音是藏传佛教观音菩萨的一种变化身，与文殊菩萨、金刚手菩萨合称"三怙主"，代表大悲、大智、大力。四臂观音菩萨又名六字观音。因为他的著名真言（咒）"嗡嘛呢叭咪吽"在梵文中是六个音节，故名。他的真言在西藏和整个藏传佛教地区广泛传播，他也因此获得了崇高的地位。

在以吉尔吉特、斯瓦特和克什米尔为代表的整个西北印度造像中，多以黄铜、青铜为材料，极少用红铜。鎏金装饰则更为罕见。

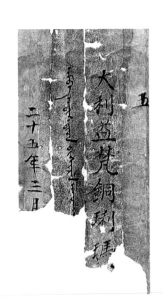

56. 铜鎏金莲花手观音像

<u>8～9世纪</u>

<u>高 25 厘米</u>

这是一尊尼泊尔风格的造像。观音梳高髻，发髻正中为无量光佛坐像，左手牵莲枝，右手施与愿印，全跏趺坐于仰莲座上。上身著袒右袈裟，下身著裙，衣纹上以细阴线刻划细密纹样。两侧为侍从女尊，左侧为绿度母，右侧为六字大明佛母，坐于由底座伸出的两朵莲座上。三尊人物体态圆润，肌体光洁而充满力度。这尊造像头光部分圆形，四周火焰纹。装饰成分最为浓重的是复杂的背光，背光横梁上还饰有一座佛塔，同佛衣上的装饰一样，整个背光表面均刻有细腻的缠枝莲纹，这样细腻、精密的装饰，正是尼泊尔风格的体现。此像所附黄条："大利益梵铜琍玛同侍从观世音菩萨。乾隆五十四年十二月二十五日收留，保住进。"

57. 铜莲花手观音像

8～9世纪

高 17.5 厘米

观音头戴三叶冠，冠正中为一无量光佛化佛形象。头发编成多股发辫垂于脑后。上身袒露，肌肉圆润丰满，充满活力。颈佩项饰，上阴刻花纹。头略向右侧，右臂弯曲支撑于膝上，伸出食指指向头部，作思维状。左手持一莲枝，手指修长柔美。天衣自左臂垂下，下著长裙，衣纹看似随意，但是线条流畅自然。观音左舒坐，脚踏莲花。其坐具十分独特，为一用藤条编成的圆形高座，有学者认为，这可能就是佛经中提到的苦修者所坐的藤床。此像所附黄条："大利益梵铜琍玛自在观世音菩萨。乾隆六十年十二月二十五日收留。保住进。"

58. 铜莲花手观音像

<u>8～9世纪</u>

<u>高 20 厘米 宽 8 厘米</u>

　　观音面部泥金，头戴三叶冠，有圆形头光。颈、腕等处戴串珠。左手持莲花一朵，跣足直立在仰覆莲座上。

59. 铜莲花手观音像

<u>9 世纪</u>

<u>高 16.5 厘米</u>

观音游戏坐姿，右手若持物，左手撑身后持莲花。长发披肩，身躯健壮，腰与右腿系禅思带，一副苦修者装束。臂钏靠上臂，是早期铜造像的特点之一。面庞丰满，鼻梁狭长，背后有圆形背光，光圈中有一圈金刚杵围绕，具有护持之意。顶上有圆形莲花瓣式伞盖，莲座为仰覆莲式，莲瓣尖有一明显的皱痕，下承方台，这些特点均为后期笈多风格中所流行，后为波罗风格所继承。原清宫所系黄纸签云："大利益梵铜旧琍玛自在（残）。乾隆四十七年正月初三日收，达赖喇嘛进。"

此达赖喇嘛当指第八世达赖喇嘛绛贝嘉措。

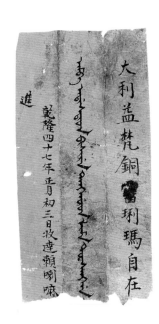

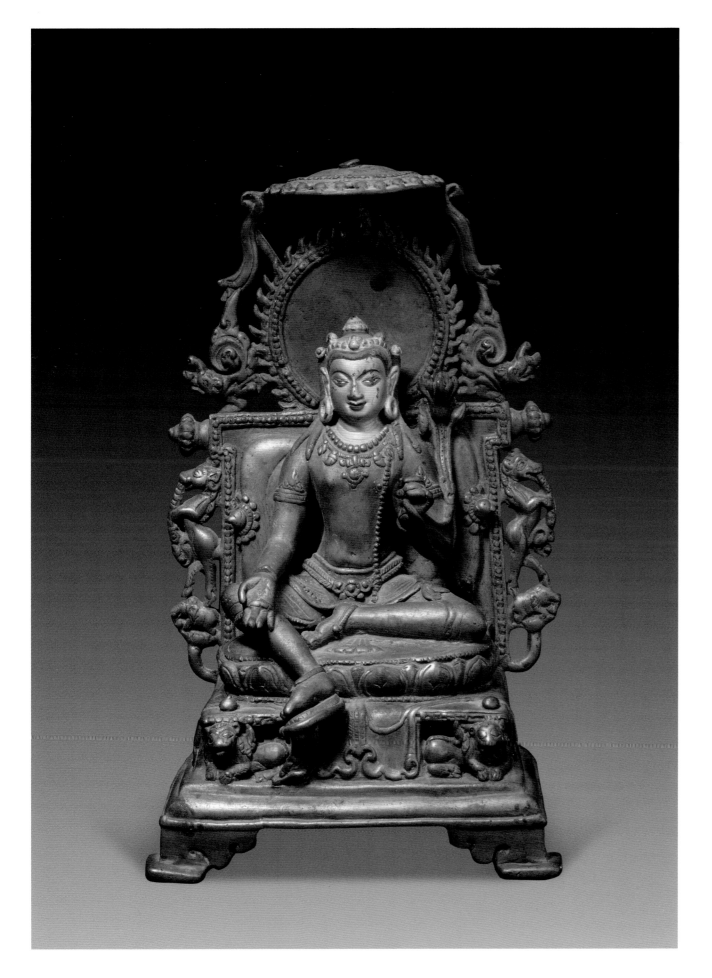

60. 铜莲花手观音像

<u>10 世纪</u>

<u>高 21 厘米</u>

观音游戏坐姿，右脚伸出，下踏莲台，左脚平放莲台上。右手施与愿印，放右腿上，左手牵具有象征意义的三支莲花，姿态悠闲。头戴三叶冠，冠叶呈小花朵形。胸前璎珞精美复杂，左肩斜挂圣索至右腿。圣索原来是古印度贵族的配饰物，后来神圣化。莲瓣有"Y"字形叶茎，莲座下方是双狮垂帘台座，有四个支脚支撑。观音菩萨头部是圆形大火焰头光，顶上是伞盖，两侧的飘带与下方横梁两端的摩羯鱼卷曲的尾部相连，极富装饰效果。背光颇具特色，体两侧各立异兽，兽口中吐出连珠，下踏象背，是典型的六拏具背光形式。背面则不甚讲究，基本上未施精细加工，后背有明显的装脏封印痕迹。

此造像的人物特征、莲座和台座形式以及背光形式有后笈多风格的遗风，线条流畅古雅，但精细稍嫌不足。

61. 铜莲花手观音像

<u>10 ～ 11 世纪</u>

<u>高 15 厘米</u>

这是观音同侍从组像。观音左手持长莲枝，右手施无畏印，发髻中坐无量光佛。左肩到右肋系仁兽络腋，暗示了观音苦修者的本色和他神格中威猛的特点。项挂长及膝下的粗大花鬘为饰，是西北印度及西藏西部较为传统的装饰特点。下身著短裙，裙褶简化，仅用阴线表示，具有克什米尔晚期风格的特点。头光为卵形，四周火焰纹。身边侍从两位度母，也有同样的头光，双手合十，夹持长莲枝，身体稍折姿而立，侧身向观音菩萨，施礼敬印，天衣飘动在身体两侧，线条古拙。

62. 铜观音像

<u>11 世纪</u>

<u>高 19 厘米</u>

观音戴单叶化佛宝冠。头发向后披散于肩上，染为青色，头上还有宝珠、花朵等饰物。耳部戴大花耳珰，颈间戴项链，双臂戴臂钏，装饰华丽。佛像面容清秀，细眉长目，眉间有白毫，嘴角微露笑意。上身斜披帛带，下身著裙，均以细线阴刻花纹。自左肩至腿部斜披一条珠串。右手施与愿印置于右膝上，左手持一莲枝，在左肩上盛开一朵莲花。观音游戏坐于莲座上，莲座中伸出一朵小莲花，右脚垂于其中，莲座下又承一束腰方座。

此像通体泥金，发色涂青，对比强烈，加上装饰精巧华丽，产生了极强的装饰效果。

63. 铜观音像

11 世纪

高 20.5 厘米　宽 8.5 厘米

　　观音头戴三叶冠，身躯呈 "S" 形，跣足直立在仰覆莲座上。莲瓣下有阴刻楷书 "乾隆敬装" 四字。仰覆莲座下为一多折角座。像与座分体铸造。

　　此种像座或许为乾隆时期所配装。

64. 铜观音像

<u>11 世纪</u>

<u>高 21.5 厘米</u>

　　观音戴三叶冠，花枝状冠叶，正中冠叶内为一化佛。袒上身，斜披圣索，下身著短裙。右手施与愿印，左手牵莲枝，立于莲台上。头后有卵形火焰纹头光，极具尼泊尔特色。

　　这尊造像在衣饰的表现上甚为随意，并没有过于强调对称、纹路等程式化倾向，莲瓣、头光纹样简洁有力。特别是整个肢体细腻光滑，充满活力，与润泽的红铜色泽相得益彰，充分表现出尼泊尔造像风格的魅力。

65. 铜鎏金莲花手观音像

<u>11 世纪</u>

<u>高 30 厘米</u>

　　观音右手持莲枝，左手施与愿印。头戴
三叶冠，冠叶收得很紧。头光为卵形，火焰纹
装饰，典型的尼泊尔式头光。身体三折姿式
立，与身边莲枝婉转的线条相呼应，增添了几
分柔美的味道。面相俊美，肌肤细腻，富有弹
性，年轻的身躯充满活力。裙褶如条棱状，具
有装饰效果。莲座为圆形，莲瓣丰满，直接着
地。鎏金层磨损殆尽，但从剩余的部分仍可
想见这件作品新铸出时鎏金的明亮程度。从
露出的红铜部分看，整个作品打磨极为精细，
铜色润泽，有肌肤的细腻感。

66. 铜莲花手观音像

<u>11 ～ 12 世纪</u>

<u>高 20.2 厘米</u>

    此尊造像具有典型的观音图像学特征。三叶宝冠中坐有无量光佛，左肩至右肋斜披仁兽皮络腋，右手施无畏印，左手下垂牵莲枝。胸肌劲健，腹肌明显，长花鬘披落膝部以下。高大的葫芦形背光，阴线刻火焰纹，顶部有日月和塔形装饰。台座正面有夜叉和双狮形象等。

    此尊造像在艺术风格上，继承克什米尔风格造像的特点，但是由于身体扁平、四肢拉长、线条呆滞，明显减弱了克什米尔风格中自然生动的韵味。

67. 铜四臂观音像

<u>11～12世纪</u>

<u>高 15.8 厘米</u>

观音身体右折姿而立，右下手施与愿印，右上手持念珠，左下手持莲枝，莲枝沿臂上行，至左肩头开敷，左上手持般若经卷。这种图像学特征与后期的四臂观音已经很相近了。只是后期很少能见到立姿形象。发髻正中有无量光佛。莲座为圆形，下方有方台。背光为红铜，火焰纹程式化非常严重，与造像的风格完全不和谐，可能为后配。

68. 铜四臂观音像

<u>12 世纪</u>

<u>高 21.7 厘米</u>

观音正二手合十，施礼敬印，右上手持念珠。念珠是一种来源于印度教主神湿婆神的法器，暗示湿婆神作为瑜伽之主的神格。左上手持莲花，象征他作为无量光佛的法子，莲花部菩萨的身份。全跏趺坐。菩萨高扁发髻，小叶三叶冠，肥大的耳珰，双眉高挑，双目细长，鼻梁粗宽，嘴唇突出。身体壮健，络腋及裙上均有细阴线刻划的小花朵纹装饰，莲瓣肥厚及莲座宽大，均是典型的波罗艺术的风格。比较独特的是，天衣直接从肩上沿双臂而下至腿上，线条自然写实，十分生动。原清宫所系黄纸签云："利益番铜琍玛四臂观世音菩萨。道光三年二月十二日收，曹进喜交。"曹进喜是养心殿太监。据此说明，此像很可能是在西藏由印度或西藏工匠铸造。

69. 铜观音像

<u>12 ～ 13 世纪</u>

<u>高 27.5 厘米</u>

此观音头戴三叶冠，正中宝冠中坐有无量光佛，发髻高耸，发辫垂肩。花朵形耳珰垂肩。上身袒裸，饰项链、臂钏，下身著裙，系宽腰带。三折姿式立姿，面相俊美，胸肌劲健，腹肌明显，垂挂圣线下及腿部。右手施无畏印，左手下垂牵莲枝。双腿系禅思带，在右腿外侧打结后飘垂而下，似有随风飘逸之感。莲座为圆形，莲瓣丰满。

此像为西藏仿尼泊尔风格作品。

70. 铜莲花手观音像

<u>12～13世纪</u>

<u>高32.7厘米</u>

观音立姿，呈三折姿状，右手施与愿印，左手持莲茎，莲茎上扬开敷于肩旁。束高发髻，饰圆形耳珰，袒上身，下著长裙。葫芦形背光，边饰花纹。圆形莲台，下承方形台座。

71. 铜狮吼观音像

<u>12 ～ 13 世纪</u>

<u>高 20 厘米</u>

观音为右舒式自在地坐于狮子背莲座上，上身略左倾，姿态优美。面相庄严慈祥，细眉长目。头戴三叶冠，发结顶髻。袒上身，双手结说法印。双肩饰粗壮的莲花，左侧莲花上托梵箧。坐骑狮子呈回首怒吼状，生动而威猛。下承仰覆圆莲座。原清宫所系黄条云："大利益番铜日琍玛狮吼观音菩萨，嘉庆四年八月十八日收，达赖喇嘛进。"

狮吼观音为观音的化身之一，以狮子为坐骑，能降服一切龙魔所生的病苦，使三界众生脱离苦海，具有极为威猛的力量。

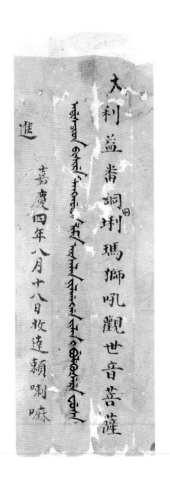

72. 铜观音像

<u>13 ~ 14 世纪</u>

<u>高 35 厘米</u>

　　观音梳高髻，发髻正中立一化佛，束发宝缯在耳后飘起。面相不同于常见的偏于女性的悲悯寂静，显现出明显的男性气概。左手牵莲花，右手牵莲蕾。佛衣刻划十分简洁，仅有突起的衣纹和长裙，充分表现出薄衣贴体的效果，显出了明显的克什米尔造像风格的影响。三折姿立于莲台上，体型匀称、细腰，双腿修长。莲瓣小、圆，较为突起。

　　这尊造像同时有东北印度和克什米尔的风格，而在莲座等部位又显示出自身独特的风格，这正是西藏工匠对各种艺术风格吸收、融合并创新的明证。

73. 铜观音像

<u>13 ～ 14 世纪</u>

<u>高 43.5 厘米</u>

观音头戴五叶冠，冠叶分开，梳锥形高髻。面相柔美静谧。戴圆形耳珰，宝缯在双耳两侧飘起。祖上身，戴璎珞，披仁兽皮。右手施与愿印，左手牵莲枝。身披帛带，与一般造像帛带均为对称分布不同，这尊造像所披帛带在身体两侧随意飘舞，给人灵动自然之感。三折姿立于莲台上，体态修长优美。

74. 铜鎏金四臂观音像

<u>13 ~ 14 世纪</u>

<u>高 25 厘米</u>

　　此造像在图像学上很有耐人寻味之处。正中的四臂观音形象最大，特征没有特别之处。值得注意的是他的两位侍从，左侧坐着持宝菩萨，右侧是六字大明佛母，手印和所持法器都与之完全相同。后者在《五百佛像集》（第 100 号）中有相似的形象。

　　《成就法鬘》中描写了白色的持宝菩萨和黄色六字大明佛母，说明在东北印度后期，四臂观音菩萨出现了不同的变化身，即菩萨和女尊的形象。在西藏夏鲁寺一层措勤大殿夹道 14 世纪的壁画中，主尊四臂观音菩萨两侧绘有同样的两位侍从，只是体色与经典描述不同，持宝菩萨为黄色，六字大明佛母为白色。这些例子都说明四臂观音菩萨的这种组合非常普遍。

75. 铜狮吼观音像

<u>14 世纪</u>

<u>高 11.6 厘米</u>

    此尊造像特点是以狮子为坐骑，袒右肩，呈游戏坐姿，左腿弯曲，右腿踏在莲花台上。右手搭在右膝上，以左手支撑左倾的身体。狮子为立姿，回首怒吼，下承莲座。从莲座两侧生出两枝莲枝，弯曲向上，立于菩萨两肩旁。其左侧主干莲枝又分出一小枝，从狮子腹下伸出，开敷为莲台以承菩萨右脚，主干莲枝开敷三朵莲花，其中一朵上置嘎布拉碗。其右侧莲花上立三叉戟头。菩萨姿态优美，身虽扭曲，但头部保持笔直，面相端庄静雅。

    造像构思巧妙，动静结合，具有独特的艺术魅力。

76. 铜鎏金观音像

<u>明永乐（1403～1424 年）</u>

<u>高 19.5 厘米 宽 12 厘米</u>

观音头戴五叶冠，略向左倾，面庞圆润，修眉细目，直鼻，双唇微闭。上身袒露，胸饰璎珞，左手持经箧，右手触莲台，两肩处各有一带茎莲花，坐在仰覆莲台上。台座上阴刻楷书"大明永乐年施"款。

77. 铜鎏金观音像

<u>明永乐（1403 ~ 1424 年）</u>

<u>高 29 厘米 宽 18.5 厘米</u>

　　观音头戴五叶冠，面庞圆润，修眉细目，直鼻，双唇微闭，双耳垂珰。上身袒露，胸饰璎珞，两肩处各有一带茎莲花，坐于仰覆莲台上。台座下方阴刻楷书"大明永乐年制"款。

　　同常见的永乐时期佛像面庞略偏向一侧相比较，此像头部正直，帔帛飘带飘动自然，下裙衣褶起伏也处理得真实精巧。虽是依照藏传佛教要求制作的，但依然融入了汉传佛像的特点，是永乐时期宫廷造像的上品佳作。

78. 铜鎏金莲花手观音像

<u>明永乐（1403～1424 年）</u>

<u>高 21 厘米 宽 12 厘米</u>

观音挽高扁发髻，戴五叶宝冠，束发缯带从耳后优雅地垂落后又稍稍扬起，缀圆形花瓣式大耳珰，佩戴繁复华丽的项链，腰缀精细的璎珞，明显具有明代宫廷菩萨造像的装饰特点。其身体姿势十分优美，头略左倾，面含微笑，左手曲肘，持般若经，倚臂莲枝从台座生起；右手持莲枝，支撑于身后座上。上身右扭，有强烈的动感。坐莲台上，右足下踏小莲蓬，左足背稍稍搭在右腿上，给人一种不稳定的感觉。足跟部裙下摆飘动的裙褶是一种模式化的表现，给人不自然的感觉，这与印度、尼泊尔式造像中流畅生动的人体姿势描绘大相异趣，也与汉地工匠不谙人体表现的传统有直接关系。

此尊观音的图像颇为独特：首先是这种独特的坐姿，这种坐姿同样出现在布达拉宫一尊永乐时期的观音造像上；其次，观音菩萨将般若经直接持于手上，而不是通常所见置于肩头莲蕾上。在布达拉宫的两尊永乐时期的造像与此像极为相似，只是坐姿稍有不同，左脚平置莲台上，而不是搭在右腿上。但这种形象的观音菩萨似乎仅见于明代宫廷造像中，其图像学来源不明。莲台上左侧，菩萨悬腿下方有"大明永乐年施"款，字迹清晰，排列疏密自然，当是真款。但其与常见的刻款位置不同。明永宣造像刻款通常在莲座面正前方，此处刻款左移，可能与此像菩萨独特的坐姿有关。底板平整，上十字交杵纹錾刻清晰，涂朱红，凿有八个牙子固定底板，可以肯定是明宫廷原作。

79. 铜鎏金观音像

<u>明宣德（1426 ～ 1435 年）</u>

<u>高 25.5 厘米 宽 17.8 厘米</u>

观音头戴五叶冠，略向左倾，面庞圆润，修眉细目，双耳垂珰。上身袒露，下身穿短裙。胸饰璎珞，左手持经箧，右手触莲台，两肩处各有一带茎莲花，观音半跏趺坐于仰覆莲台上。台座上阴刻楷书"大明宣德年施"款。此款可能是后添，但造像本身应是此一时期作品。

80．铜鎏金观音像

<u>明正统六年（1441 年）</u>

<u>高 25 厘米 宽 17 厘米</u>

　　观音头戴五叶冠，冠上有化佛。头略向右偏。胸饰璎珞，肩披帔帛，右手施与愿印，左手结心印，双手持莲，缠绕至肩部。右舒相坐。下为仰覆莲座。莲座背面下部阴刻"正统六年七月吉日造"楷书款。

　　此尊造像有明显的永乐、宣德造像风格，但在材质、比例结构和精美细致方面，还是逊色不少。

81．铜鎏金莲花手观音像

<u>15 世纪</u>

<u>高 32 厘米</u>

　　莲花手观音菩萨是观音菩萨中最常见的形象之一，观音双手牵莲花。右手扶膝盖，左手撑身后，转轮王坐姿，神态闲适。

　　此像明显仿明代宫廷造像模式，天衣飘落座前，是永乐宣德造像以后的变化。其胸前挂三层璎珞，一层在胸以上、颈以下，二层在心际，三层在脐部。身体两侧的莲花上各有三朵花，一朵为花蕾，一朵完全开敷，一朵已经凋谢，代表佛、法、僧三宝。莲瓣卷云纹和腰带所挂璎珞及双腿上衣褶形式均是典型的永乐宣德时期造像的特点，但是可以看到，在模仿的基础上，一些新的细节变化加了进来。例如，胸前璎珞连珠较明代增多，耳珰如花枝形式，五叶冠略显简略，冠叶细长，身体嫌瘦，四肢拉长，与明宫廷造像明显不同。此像可能铸于汉地民间，或者是藏族工匠仿作。

82. 铜鎏金四臂观音像

<u>15 世纪</u>

<u>高 11.5 厘</u>

　　观音戴五叶宝冠，冠叶分开，梳锥形发髻，发髻顶端为一佛头，其余头发披散至两肩，发色染青。观音长眉细目，双眼低垂，面相寂静，唇部染为红色。双耳戴圆形大耳珰，袒上身，戴璎珞，斜披仁兽络腋。四臂中两臂于胸前合十，左侧一臂持莲枝，右侧一臂持念珠，分别自体侧上举。帛带自两臂飘下，在身侧对称扬起，下身著裙。全跏趺坐于莲台上，莲台为三层莲瓣，但莲花表现较为呆板。

　　此尊造像耳珰、璎珞各处均镶嵌宝石，加上通体鎏金，发、唇染色，给人富丽堂皇之感。

83. 铜狮吼观音像

<u>16 世纪</u>

<u>高 41 厘米 宽 29.5 厘米</u>

  此尊造像是典型的汉地传统的狮吼观音。观音菩萨侧身游戏坐于狮背。狮子卧伏在地，回首向上作吼叫状、狮子项挂铃，是汉式的习惯表现手法。观音双手持莲枝，莲枝婀娜，线条流畅，与身上衣褶自由流动的感觉和谐一致。

  可以断定其为永乐宣德以后作品的理由是其脸部特征。虽然此像的璎珞和服饰具有浓重的藏传佛教艺术风格的特点，但是其脸部的汉化特征却十分明显。面庞丰满，下颏浑圆，用阴线刻划双层下颏。后背倚靠小栏，这种独特的做法反映出明显的汉式特点。狮背的坐垫、倚靠的小栏以及双腿上均有细密精美的装饰图案，足见明代汉藏风格造像豪华繁缛，注重装饰的特点。

84. 铜鎏金四臂观音像

<u>清康熙二十五年（1686 年）</u>

<u>高 73 厘米</u>

一面四臂，中央双手结合掌印，身后右手持物（念珠）已失，左手持莲花。四臂表四无量心；双手合十表智慧与方便合一双运；右手所持念珠，表每拨一珠即救度一众生出脱轮回；左手持莲花，表清静无恼。菩萨造型优美，寂静含笑，头戴花蔓宝冠，发结顶髻，上缀摩尼宝珠。袒上身，左肩披仁兽皮，象征慈悲之心。戴大环耳饰、项饰、胸饰、手镯、脚钏等珠宝八饰，上镶珍珠、宝石，雍容华贵。面相丰满，柳叶细眉微微弯曲，双目微闭，自然下视，小口紧闭，表情呈慈悲像。全跏趺坐，下承仰覆莲座，莲瓣雕卷云纹。莲座下边阴刻汉、满、蒙、藏四种铭文："大清昭圣慈寿恭简安懿章庆敦惠温庄康和仁宣弘靖太皇太后，虔奉三宝，福庇万灵，自于康熙二十五年，岁次丙寅，恭奉圣谕，不日告成。永念圣祖母仁慈，垂佑众生，更赖菩萨感应，圣寿无疆云尔。"

此尊是康熙帝为其圣祖母孝庄文皇后 74 岁生日所铸造的一尊菩萨像，此像已脱离明代宫廷铜佛造像的影响，形成独具特点的康熙时期的宫廷铜佛造像风格。原藏慈宁宫东暖阁。

85. 铜四臂观音像

<u>17 世纪</u>

<u>高 25 厘米</u>

　　红铜铸造四臂观音像应是象征其红色的身色,其手印和所持法器并未有变化,拥抱明妃,全跏趺而坐。明妃右手持嘎布拉鼓,左手持嘎布拉碗,双腿缠主尊腰而坐。背光有明显模仿东北印度大塔建筑前栏楯结构的痕迹,但是简化了很多,仅剩下摩竭鱼和横梁两端的两只鸟。束腰方形台座正面有一夜叉和两只金翅鸟背驮台座的形象。人物和服饰细节均反映出中世纪后期西藏风格的特点。

86. 铜十一面观音像

17 世纪

高 15 厘米

这尊十一面观音头部排列很规则，共五层：第一层至第三层每层三面，第四、五层各一面，根据《造像量度经续补》的解释，第一层是慈相，面相平静；第二层是悲相，悲悯众生；第三层是喜相，劝进佛法；第四层为忿怒明王相；最上为无量光佛，代表佛果。十一面皆涂金。共有八臂，正中双手合十，左边三手分别持莲枝、弓箭、净瓶；右边两手持佛珠、法轮，还有一手施与愿印。上身赤裸，戴璎珞，斜披仁兽络腋。下身著裙，裙上嵌金银，表现出衣纹和细密的小花，鲜艳的色彩与本身铜质相映衬，显得华美异常。天衣自两肩垂下，飘向身体两侧。莲台上下沿均饰连珠纹，莲瓣简略。这尊造像虽然造型复杂，但是比例适中，丝毫不给人突兀之感。所附黄条："大利益梵铜琍玛十一面观世音菩萨。"

十一面观音像起源于印度婆罗门教，是观音最受欢迎的化身之一，其变化身很多，十一面的排列方式有很多种，臂数也不尽相同，甚至有十一面千手千眼观音像。

87. 铜观音像

17 世纪

高 13.1 厘米

观音梳锥形高发髻，染为石青色，顶部饰一摩尼宝珠，发髻正中安放化佛一尊。面部、颈部涂金。眉间有白毫，面容安详，双目低垂。双耳戴大耳珰，耳珰垂花置肩上。颈部戴配饰，双臂戴臂钏。上身赤裸，左肩斜披圣索和仁兽皮，暗示着观音菩萨苦修的本色和其神格中所具有的威猛特色。下身著裙，但仅以简单的凸起线条表现。观音右舒坐于椭圆形莲台上，右手置膝上，左手牵一莲枝，莲花在左肩开敷。莲台上沿饰一圈连珠纹，双层莲瓣，莲瓣肥厚圆润。

88. 铜观音像

<u>17～18 世纪</u>

<u>高 33.3 厘米</u>

观音全跏趺坐姿，右手结与愿印。高发髻中有无量光佛坐像。眉如弯月，垂眸下视。鼻直修长，唇如弯弓。项圈上装饰宝石，戴花朵形耳珰。体肤平滑细腻，光洁妙好。袒上身，左肩披仁兽络腋，裙上雕刻条棱纹饰，座台前露出裙褶，前端软软地垂下，布的质感很强。

89. 铜观音像

<u>17～18世纪</u>

<u>高34.2厘米</u>

观音头戴宝冠，冠叶小巧。宝缯、发辫在头两侧飘起。双耳戴大圆耳珰。头部微微右倾，双目半张，嘴角微露笑意，神态寂静安详。左肩斜披仁兽皮及圣线。全身佛衣仅以简单的几条线条表现，给人薄衣贴体的感觉。游戏坐于莲台上，左手牵莲枝，莲花于肩头开敷。

90. 铜观音像

17～18 世纪

高 20.3 厘米

观音三折姿式立姿，右手结与愿印，左手持莲枝。发结顶髻，戴小花冠，大耳珰，垂璎珞。面相饱满，眉眼传神。左肩披仁兽络腋，肩宽腰细，柔美而又健壮。圆形莲台，莲瓣肥厚。

91. 铜鎏金观音像

<u>17 ~ 18 世纪</u>

<u>高 20 厘米</u>

正中为四臂观音，两侧为度母。观音前右手施与愿印，前左手执瓶；后左手执轮，右手执杖。高发髻，正中有无量光佛。面相饱满，慈祥和穆。袒上身，肩挎粗大的花蔓，胸前饰圣索。下著裙，上饰璎珞。圆形双层莲座，下承折角方台。

92. 铜鎏金四臂观音像

17 ~ 18 世纪

高 24.9 厘米

观音戴七叶宝冠，冠叶分开，装饰复杂。发色染青，梳高髻，发髻顶端安放化佛一座，脑后头发结为两条发辫，与束发宝缯一同斜向后飘起。双眉间起大白毫，寂静相，戴菱形花瓣耳珰。袒上身，身佩璎珞，天衣自两臂穿过，飘向身体两侧。前两臂于胸前合十，另两臂分别持念珠、莲枝上举。下身著裙，衣纹刻划得简洁流畅，充分表现出织物柔软的质感。全跏趺坐于椭圆形莲座上。佛像背后有一葫芦形火焰纹背光，纹饰夸张，动感十足。

93. 铜鎏金观音像

18 世纪

高 20.8 厘米

观音坐姿，右手呈与愿印，左手执莲花。高发髻，正中为无量光佛。半圆仰覆莲座。所附黄条记："达赖喇嘛呼毕勒罕另进扎什利玛文殊菩萨一尊。""文殊"应为观音误识"扎什利玛"是指以扎什伦布寺为核心制作的琍玛（响铜）佛像，代表了后藏日喀则地区的造像风格。

94. 铜鎏金观音像

<u>18 世纪</u>

<u>高 19.5 厘米 宽 12.5 厘米</u>

观音头戴五叶冠，头向右侧，双耳饰珰。
袒上身，胸饰璎珞，下著裙。左手持莲茎，莲
花置左肩上部。左腿盘坐，右腿半下垂，右足
下踩莲朵。底部为椭圆形仰覆莲座。

95．铜观音像

18 世纪

高 24.5 厘米

观音右舒式坐，右腿弯曲，左腿平放于莲台上，左手支撑于身后，一茎莲花开敷于左肩旁。高发髻，面部泥金，面相端严，袒上身，圣索从胸前弯曲垂下。拱形背光，边饰火焰纹。双层莲座，下承多折角方台座。

96．铜观音像

18 世纪

高 25 厘米

观音右舒式坐姿，右腿弯曲，足踏在莲
座前伸出的莲台上，左腿平置。右手施与愿
印，放在右膝上，左手放置左腿后支撑左倾的
身体。一茎莲花倚左臂而上，开敷于左肩旁。
菩萨高发髻，戴五叶冠。面相饱满，眉眼慈祥。
祖上身，圣索从左肩垂下搭在右腿上。裙幅
在莲台上展开。卵形背光，边饰火焰纹，方形
底座。这尊造像仿尼泊尔造像风格。

97. 铜观音像

<u>18 世纪</u>

<u>高 26.9 厘米</u>

观音立姿，右手施与愿印，左手施说法印。高发髻，发髻正中有无量光佛，头戴花冠。饰各种佩饰，上嵌绿松石。面相方正，嘴角含笑。袒上身，天衣从双肩垂下交叉于双腿前。下身著长裙，裙褶明显。葫芦形背光，饰火焰纹。单层莲座。此像造型略显平板。

98. 铜观音像

18 世纪

高 13.8 厘米

观音全跏趺坐姿，双手合十，身后右手持物已失，左手持莲花。高发髻，戴三叶冠，面部泥金，面相饱满，弯眉，双眼睑，嘴角上翘。袒上身，左肩披仁兽络腋，天衣从双肩垂下，穿过双臂，于身后卷曲上扬。裙幅从座前展开一角。双层莲座，下承高台座。

99. 铜鎏金四臂观音像

<u>18 世纪</u>

<u>高 43.5 厘米</u>

　　观音坐姿，胸前双手合十，身后右手执念珠，表示灭除烦恼，贯彻通明，左手执莲花，表清净光明。高发髻，戴五叶冠。观音面相方正端庄，眉眼低垂，眉线与鼻线相连，是典型的乾隆时期造像风格。袒上身，胸前挂数珠。背光和头光饰火焰纹。顶垂伞盖。造像通体鎏金，装饰华丽。

100. 铜鎏金四臂观音像

<u>18 世纪</u>

<u>高 82 厘米</u>

此尊像为四臂观音的标准像。一面四臂，发髻作双纺锤形，上有阿弥陀佛，花枝形五叶冠，是清代西藏造像中经常可以看到的形式。四臂中正面二手合掌，掌中持果；上方右手持念珠，左手持花枝。观音脸形方正，耳珰为圆形花环下坠长花饰，胸前隆起，肌肉不分明，整体看像身粗壮。左肩披仁兽皮，飘带用铜片拍打而成。观音下身著裙，衣纹呆板，璎珞为花形，缺少立体感。全跏趺坐于仰覆莲座上，莲瓣密而尖锐。

101. 铜鎏金四臂观音像

<u>18 世纪</u>

<u>高 24 厘米</u>

 观音高发髻，五叶花冠，花朵形大耳珰，脸形方正，卵形镂空头光。正二手合十，施礼敬印，右上手持念珠，左上手持莲花。袒上身，三层项链大而饱满，肩垂帛带。全跏趺坐，下承仰覆莲座。莲瓣密而尖锐。

102 铜四臂观音像

<u>18 世纪</u>

<u>高 39 厘米</u>

    铜四臂观音及其胁侍菩萨坐在三座莲台上。背后是金翅鸟、摩竭鱼装饰的背光。从造像的艺术特点可以明显看出，此像是仿东北印度风格的作品，其整个构图与主图基本相同，唯一变化是左侧的四臂全跏趺坐持宝菩萨变成了二臂转轮王坐持宝菩萨，右手持宝，左手持莲花。

    四臂观音菩萨的其他组合也可以在东北印度 12 世纪的造像中看到。在美国洛杉矶的诺顿·西蒙基金会收藏的一件属 12 世纪波罗风格的四臂观音菩萨像中就可以发现一种新的组合，与本像极似，但在拱门式背光的上面有五方佛的形象，正中是无量光佛，双手施禅定印。另外，左侧的菩萨换成了二臂观音菩萨。这些四臂观音不同组合的作品带给我们最大的启示是，四臂观音菩萨已经成为观音菩萨众多成员中最具代表性的一名，在西藏的传统观念中，观音菩萨即是指四臂观音菩萨。这种思想虽然在西藏深入人心，但究其起源还是在印度。

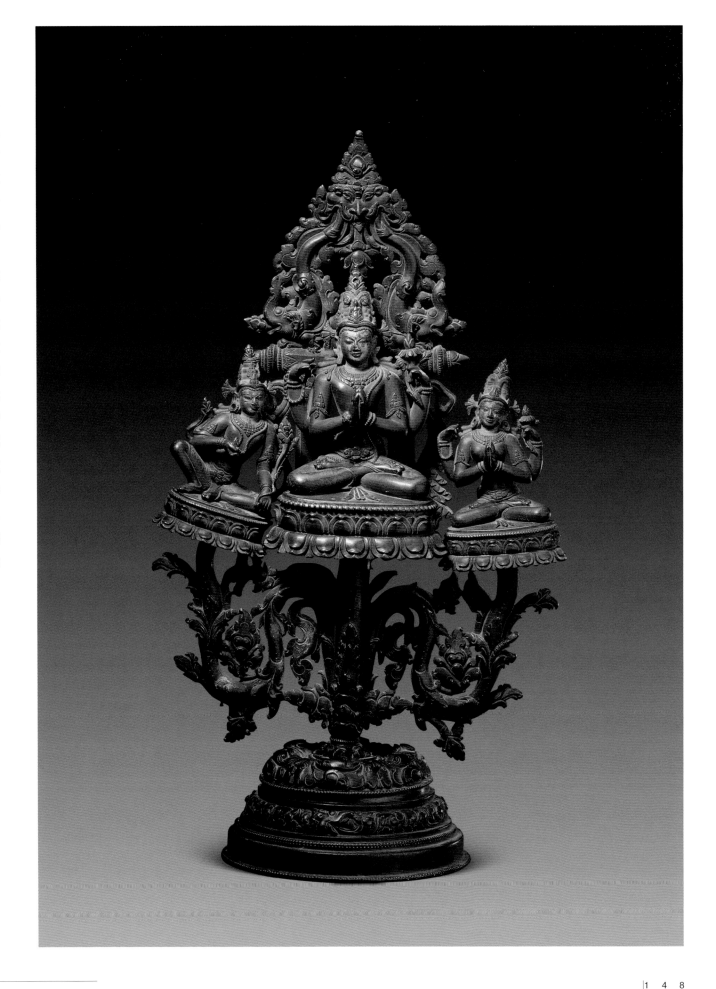

103．铜狮吼观音像

<u>18 世纪</u>

<u>高 65 厘米</u>

　　观音戴五叶冠，面相沉静，微露笑意。双耳戴大圆耳珰。袒上身，佩璎珞。双手施与愿印并牵莲枝。下身著裙，天衣垂于莲座下。游戏坐于仰莲座上，身后为卵形背光。莲座安于铜狮背上，狮头左扭并后仰，仿佛在聆听菩萨教诲。铜狮刻划精细，佩红缨，鬣毛均染为绿色。

　　这尊造像体量硕大、制造十分精细，特别是背光、衣饰、铜狮等细节处无不刻划入微，色彩丰富，对比强烈。但是从衣纹等处可以看出明显的程式化倾向，略显呆板。

104. 铜鎏金十一面观音像

<u>18 世纪</u>

<u>高 36.5 厘米</u>

这尊观音的头部排列为五层：自下而上第一、二层为三面，三、四层两面，第五层一面，第三、四层现忿怒相，涂红色。共十臂，当中两手合十，其余手分别持莲枝、净瓶、法轮、串珠、化佛等法器。图像装饰繁缛，色泽绚丽，但衣纹、帛带等表现出高度的程式化。

105. 铜权衡三界观音像

<u>18 世纪</u>

<u>高 28.7 厘米</u>

这尊观音全跏趺坐，左手持金刚钩，右手持物已失。面部涂金，背光、莲座均鎏金，与佛像自身斑斓的色彩交相辉映，显示出紫金瑯玛独特的艺术魅力。佛座正面有藏文铭文"权衡三界观世音菩萨"，背面刻有汉、蒙、满、藏四种文字。

这尊造像的材质属于清代宫廷造像中的著名品种——紫金瑯玛。据清宫档案记载，六世班禅进京觐见乾隆皇帝时所贡佛像中，有一种采用特殊合金制成的佛像，名为"紫金瑯玛"。乾隆皇帝对这种佛像极感兴趣，下令由内廷进行仿制。这种合金的配方当时掌握在尼泊尔工匠的手中，内廷工匠并不知道，

经过反复试验，于乾隆四十五年开始生产紫金瑯玛，而且在佛像的制造过程中，其配方也在不断改进。根据记载，制造紫金瑯玛需用铜与金、银、钻石、玻璃面等八种配料铸成合金，产生出五色斑斓的色彩效果，也正因为原料的珍贵和制造的复杂，紫金瑯玛成为造像中极其珍贵的一种。

106. 铜嵌金银丝最上成就摩尼宝观音像

<u>18 世纪</u>

<u>高 82 厘米</u>

观音坐于莲花座上,游戏坐姿,右腿伸出,
下踏小莲台,左腿平放。断定此尊是观音菩
萨的依据,是他左肩披的仁兽络腋。其四臂所
持法器仅剩右下手的剑和左上手的莲花。比
较《五百佛像集》同样的一尊(第 269 尊,汉
译名号: 不空供养宝观自在),可以知道,此尊
的右上手应持三叉戟,左下手应持念珠。天衣
在头后部飘起,绕两臂而下,在身体两侧卷起。
双腿处条棱衣褶,间以金银丝错嵌花枝图案,
均是清乾隆宫廷造像的特点。

107. 铜鎏金观音像

<u>清乾隆</u>

<u>高 34 厘米　宽 20.5 厘米</u>

　　观音头戴五叶宝冠，前额系宝缯，缯带下垂，双耳饰珰。上身袒露，胸饰璎珞，双肩有莲茎，结跏趺坐莲花座上，莲座下部已失。莲台正面上刻有"大清乾隆年敬造"楷书款。

108. 铜观音像

清乾隆

高 37 厘米

观音高髻，戴五叶宝冠，发髻染蓝色，中有一化佛像。双目低垂，面容沉静。袒上身，下系裙，佩璎珞，戴臂钏。左手牵莲枝，右手施与愿印。身披帛带，天衣于莲座上垂下。右舒坐于覆莲座上，莲座正中铸"大清乾隆年敬造"款。

这尊观音像是一组八大菩萨造像中的一尊。八大菩萨是护持正法、拥护众生的八尊菩萨，但在组成上，依不同经典有不同解释，如在《般舟三昧经》、《药师经》等经典中都各有不同。这一组八大菩萨组合，所本为唐代密宗大师不空所译《八大菩萨曼荼罗经》。此经讲述在补怛洛伽山圣观自在菩萨宫殿中，宝藏月光菩萨问佛八大曼荼罗建立法，及以何法使修习者速证菩提，由此佛宣说八大菩萨的曼荼罗法，包括形象、密咒、供养观行法等，并说由此一切业障可消，速证菩提。

109. 铜鎏金观音像

<u>清乾隆</u>

<u>高 13.7 厘米</u>

观音为一面二臂，头戴五叶冠，葫芦形发髻，耳后有束发缯带，寂静面相。袒露上身，肩披帛带，胸前斜披仁兽皮，佩饰项链、臂钏、手镯、脚镯。左手执莲花茎，莲花置于左肩，右手施与愿印。右舒坐于圆边三角形覆莲底座上，底座正面上沿铸"大清乾隆年敬造"款，下沿刻"观世音菩萨"。

此像具有明显的乾隆晚期清宫廷铜佛造像的风格，精雕细刻、制作精美，但程式化特点明显，缺少艺术美感。此像现供奉于故宫现存佛堂梵华楼二楼一室（般若品室）西壁。

110. 铜鎏金自在观音像

清乾隆

高 16 厘米

观音三面六臂，为密教变化身，是观音众多变化形象中的一种。头戴五叶冠，葫芦形发髻，面相寂静。袒露上身，肩披帛带，下身著裙，佩饰项链、臂钏、手镯、脚镯。主臂左手握金刚铃，右手执莲花；左副手自上而下分别持摩尼宝、宝剑，右副手自上而下分别持金刚杵、法轮。全跏趺坐于圆边三角形覆莲底座上，底座正面上沿铸"大清乾隆年敬造"款，下沿刻"自在观世音菩萨"。现供奉于故宫现存佛堂梵华楼二楼二室（无上阳体根本品室）西壁。

111. 铜鎏金秘密自在观音像

<u>清乾隆</u>

<u>高 16.5 厘米</u>

　　此为观音的密教变化身，双身像，主尊三面六臂，头戴五叶冠，葫芦形蓝色发髻，寂静面相。袒露上身，肩披帛带，下身著裙，佩饰项链、臂钏、脚镯。左元手持金刚铃，右元手持金刚杵，双臂相交，拥抱明妃；左副手自下而下分别持摩尼宝、金刚杵，右副手自上而下分别持金刚杵、法轮；全跏趺坐。明妃亦三面六臂，头戴五叶冠，葫芦形发髻，寂静面相。左手自上而下分别持金刚铃、摩尼宝、宝剑，右手自上而下分别持金刚杵、金刚杵、法轮。双腿环绕主尊腰间。圆边三角形覆莲底座，底座正面上沿铸"大清乾隆年敬造"款，下沿刻"秘密自在观世音"。现供奉于故宫现存佛堂梵华楼二楼二室（无上阳体根本品室）西壁。

112. 铜鎏金佛海观音像

清乾隆

高 16.5 厘米

主尊一面三目二臂，头戴五叶冠，葫芦形发髻，微嗔相。赤裸全身，肩披帛带，佩饰耳珰、人头项蔓、臂钏、手镯、脚镯。左手持莲花，右手持念珠，双臂拥抱明妃，展右立姿。明妃亦为一面三目二臂，头戴五叶冠，葫芦形发髻，微嗔相。左手捧嘎巴拉碗，右手举嘎巴拉鼓。双腿环绕主尊腰间。椭圆形覆莲底座，底座正面上沿铸"大清乾隆年敬造"款，下沿刻"佛海观世音"。现供奉于故宫现存佛堂梵华楼二楼三室（无上阴体根本品室）东壁佛龛。

113. 铜鎏金狮吼观音像

清乾隆

高 13.2 厘米

　　观音为三面六臂。头戴五叶冠，葫芦形蓝色高发髻，发髻左侧饰一轮月牙，面相寂静。袒露上身，肩披帛带，佩饰圆形耳珰、项链、臂钏、手镯。左元手持羂索，右元手施与愿印；左侧副手自上而下分别持有弓、莲花，右侧副手自上而下持有念珠、箭。全跏趺坐于圆边三角形覆莲底座上，底座正面上沿铸"大清乾隆年敬造"款，下沿刻"骑吼观世音菩萨"。现供奉于故宫现存佛堂梵华楼二楼六室（功行根本品室）西壁佛龛。

114. 铜鎏金十六臂观音像

<u>清乾隆</u>

<u>高 16.6 厘米</u>

观音为一面十六臂。头戴五叶冠，葫芦形发髻，耳后束发缯带在两肩上方飘起，寂静面相。袒露上身，肩披帛带，帛带绕过身后从身下穿过，于底座正面两侧对称垂下。胸前斜披络腋，下身著裙，佩饰圆形耳珰、项链、臂钏、手镯、脚镯。左右元手于胸前施菩提印；左副手自上而下分别持三尖叉、金刚橛、金刚杵、莲花、海螺、梵箧，右副手自上而下分别持宝剑、伞、经卷、金刚杵、莲花、法轮；最下一对左右副手于腹前施禅定印，掌心上托五叶冠。全跏趺坐在圆边三角形覆莲底座上，底座正面上沿铸"大清乾隆年敬造"款，下沿刻"十六臂观世音菩萨"。现供奉于故宫现存佛堂梵华楼二楼六室（功行根本品室）东壁佛龛。

115. 铜鎏金大地观音像

<u>清乾隆</u>

<u>高 13.1 厘米</u>

观音为一面二臂立像。头戴五叶冠，葫芦形蓝色发髻，耳后束发缯带从头两侧高高卷起，面相寂静。袒露上身，宽厚的帛带绕过肩膀及胳膊后从腰部两侧垂下，胸前斜披络腋，下身著裙，佩饰圆形耳珰、项链、臂钏、手镯。左手于胸前施说法印，并执莲花茎，莲花在左肩开敷；右手朝下施与愿印。双腿站立于椭圆形覆莲底座上，底座正面上沿铸"大清乾隆年敬造"款，下沿刻"大地观世音菩萨"。现供奉于故宫现存佛堂梵华楼二楼六室（功行根本品室）西壁佛龛。

116. 铜鎏金不空羂索自在观音像

<u>清乾隆</u>

<u>高 13.8 厘米</u>

观音为一面二臂骑狮坐像。头戴五叶冠，葫芦形蓝色发髻，耳后有束发缯带，面相寂静。袒露上身，肩披帛带，胸前斜披络腋，下身著裙，佩饰圆形耳珰、项链、臂钏、手镯、脚镯。双手于胸前施说法印，并各执一莲花茎，莲花在左右肩开敷，右肩莲花上托宝剑，左肩莲花上托梵箧。全跏趺坐于狮背上。狮子下椭圆形覆莲底座正面上沿铸"大清乾隆年敬造"款，下沿刻"不空羂索自在观世音菩萨"。此像应为狮吼文殊菩萨像，观音名号为误刻。现供奉于故宫现存佛堂梵华楼二楼六室（功行根本品室）西壁佛龛。

117. 铜鎏金黑五面十二臂观音像

清乾隆

高 13.4 厘米

观音为五面十二臂立像。每面各有三目，怒目圆睁，血口大张，头戴三叶冠，赤发高耸忿怒相。赤裸全身，腰束虎皮裙，佩饰大圆耳珰、人头项鬘、臂钏、手镯、脚镯。左元手持弓，右元手持念珠；左副手自上而下分别持箭、嘎巴拉碗、莲花、摩尼宝、法轮，右副手自上而下分别持嘎巴拉鼓、三尖叉、铁钩、羂索、金刚杵。展左姿，立于椭圆形覆莲底座上，底座正面上沿铸"大清乾隆年敬造"款，下沿刻"黑五面十二臂观世音菩萨"。现供奉于故宫现存佛堂梵华楼二楼六室（功行根本品室）西壁佛龛。

118. 铜鎏金青顶自在观音像

清乾隆

高 13.2 厘米

观音为一面二臂，头戴五叶冠，葫芦形蓝色发髻，蓝色长发披于肩膀。耳后束发缯带从两侧卷起，面相寂静。袒露上身，肩披帛带，胸前斜披宽纹络腋，下身著裙，佩饰圆形耳珰、项链、臂钏、手镯、脚镯。双手于腹前施禅定印，掌心上托嘎巴拉碗。全跏趺坐在圆边三角形覆莲底座上，底座正面上沿铸"大清乾隆年敬造"款，下沿刻"青顶自在观世音菩萨"。现供奉于故宫现存佛堂梵华楼二楼六室（功行根本品室）西壁佛龛。

119. 铜鎏金红四臂观音像

清乾隆

高 13.1 厘米

观音为一面四臂坐像，头戴五叶冠，葫芦形蓝色发髻，蓝色长发披于肩膀。耳后束发缯带从两侧卷起，面相寂静。袒露上身，肩披帛带，胸前斜披络腋，下身著裙，佩饰圆形耳珰、项链、臂钏、手镯、脚镯。左元手持弓，右元手持铁钩；左副手持箭，右副手持羂索。全跏趺坐在圆边三角形覆莲底座上，底座正面上沿铸"大清乾隆年敬造"款，下沿刻"红四臂观世音菩萨"名称。现供奉于故宫现存佛堂梵华楼二楼六室（功行根本品室）东壁佛龛。

120．铜鎏金权衡三界观音像

<u>清乾隆</u>

<u>高 13.7 厘米</u>

观音为一面二臂坐像，头戴五叶冠，葫芦形蓝色发髻，蓝色长发披于肩膀。耳后束发缯带从两侧卷起，面相寂静。袒露上身，肩披帛带，宽大帛带绕过脑后在左右臂前垂落至腰部，帛带两端卷起打结。胸前斜披络腋，下身著裙，佩饰圆形耳珰、项链、臂钏、手镯、脚镯。左手持金刚钩，右手持羂索。全跏趺坐在圆边三角形覆莲底座上，底座正面上沿铸"大清乾隆年敬造"款，下沿刻"权衡三界观世音菩萨"名称。现供奉于故宫现存佛堂梵华楼二楼六室（功行根本品室）东壁佛龛。

121．铜鎏金骑吼自在观音像

<u>清乾隆</u>

<u>高 13.5 厘米</u>

观音为一面六臂骑吼坐像。头戴五叶冠，葫芦形蓝色发髻，蓝色长发披肩。耳后束发缯带从两侧卷起，面相寂静。袒露上身，肩披帛带，胸前斜披络腋，下身著裙，佩饰圆形耳珰、项链、臂钏、手镯。左元手于腹前施禅定印，掌心上托奔巴壶；右元手抚吼头。左副手自上而下分别持骷髅杖、捧仁兽皮；右副手自上而下分别为空手掌心朝上（法器已失）、持念珠。半跏趺坐在吼背上。吼足下踩椭圆形覆莲底座，底座正面上沿铸"大清乾隆年敬造"款，下沿刻"骑吼自在观世音菩萨"。现供奉于故宫现存佛堂梵华楼二楼六室（功行根本品室）东壁佛龛。

122. 铜鎏金观音像

清乾隆

高 16.6 厘米

　　观音为一面二臂坐像，头戴五叶冠，葫芦形发髻，蓝色长发披肩。耳后有束发缯带、面相寂静。袒露上身，肩披帛带，帛带绕过左右臂在身体两侧飘卷而起。下身著裙，腰带正中处打结。佩饰圆形耳珰、项链、臂钏、手镯、脚镯。左手施期克印；右手亦施期克印，并执莲花茎。莲花置于右肩，花心上托经卷和月牙。右舒坐于圆边三角形覆莲底座上，底座正面上沿铸"大清乾隆年敬造"款，下沿刻"观世音菩萨"。现供奉于故宫现存佛堂梵华楼二楼六室（功行根本品室）西壁佛龛。

123．铜鎏金狮吼观音像

清乾隆

高 20 厘米

观音一面二臂，蓝色发髻高耸，面相寂静。袒露上身，肩披帛带，胸前斜披络腋，细长禅思带系于左肩和右足间，下身著裙，佩饰耳珰、项链、臂钏、手镯。游戏坐姿，侧坐于狮吼背上，右腿伸出。右手搭在右膝上，左手撑身后座上。左侧莲枝上莲花开敷，花心上有嘎巴拉碗及剑，右肩上置三叉戟头。结合其法器及长发披肩的形象可以肯定，狮吼观音是观音菩萨成员中有明显密教神色彩的一位。狮足下承半圆单层覆莲底座，圆鼓莲瓣整体排列，宫廷造像特征明显。底座正面上沿铸"大清乾隆年敬造"款，下沿刻"狮吼观世音菩萨"。现供奉于故宫现存佛堂梵华楼二楼六室（功行根本品室）西壁佛龛。

124. 铜鎏金四臂观音像

<u>清乾隆</u>

<u>高 19.7 厘米</u>

观音为一面四臂。头戴五叶宝冠，葫芦形发髻，发髻顶端立一佛面，耳后有束发缯带，长卷发垂肩，寂静相。袒露上身，肩披帛带，天衣绕过小臂后在身体两侧上卷飘起，胸前斜披仁兽皮，下身著裙，佩饰圆耳珰、项链、臂钏、手镯、脚镯。左右主臂于胸前合十；左副手持莲花，右副手所持念珠已失。全跏趺坐于圆边三角形覆莲底座上，底座正面上沿铸"大清乾隆年敬造"款，下沿刻"四臂观世音菩萨"。现供奉于故宫现存佛堂梵华楼二楼六室（功行根本品室）西壁佛龛。

125. 铜鎏金十一面观音像

<u>清乾隆</u>

<u>高 20.4 厘米</u>

观音为十一面八臂。十一面观音头部排列十分规则,由下而上共分五层,最上两层每层一面,下面三层每层各三面。有八臂,左右主臂于胸前合十,施礼敬印;左副手自上而下分别持莲花、弓箭、奔巴壶;右副手自上而下分别持念珠、法轮,施与愿印,其中最下方的右副手的手心还有一目。袒露上身,肩披帛带,天衣在身体两侧飘动。胸前斜披仁兽皮,下身著长裙,腰系连珠腰带。佩饰圆耳珰、项链、臂钏、手镯、脚镯。双腿直立于椭圆形覆莲底座上。底座正面上沿铸"大清乾隆年敬造"款,下沿刻"十一面观世音菩萨"。现供奉于故宫现存佛堂梵华楼二楼六室(功行根本品室)西壁佛龛。

126. 铜鎏金水月观音像

<u>清乾隆</u>

<u>高 16.5 厘米</u>

　　观音为一面二臂坐像，头戴五叶冠，高发髻，蓝色长卷发垂肩。耳后有束发缯带，面相寂静。袒露上身，肩披帛带，胸前斜披仁兽皮。下身著裙，腰带正中处打结。佩饰圆形耳珰、项链、臂钏、手镯、脚镯。左手放在左腿后，掌心朝下，并执莲花茎，莲花在肩处开放；右手施与愿印。右舒坐在圆边三角形覆莲底座上，底座正面上沿铸"大清乾隆年敬造"款，下沿刻"水月观世音菩萨"。现供奉于故宫现存佛堂梵华楼二楼六室（功行根本品室）西壁佛龛。

127. 铜鎏金自在观音像

<u>清乾隆</u>

<u>高 16.3 厘米</u>

　　观音为一面二臂坐像，头戴单叶宝冠，葫芦形发髻，耳后有束发缯带，面相寂静。袒露上身，肩披帛带，胸前斜披仁兽皮。下身著裙，腰带正中处打结。佩饰圆形耳珰、项链、臂钏、手镯、脚镯。左手放在左腿后，掌心朝下，并执莲花茎，莲花在左肩处盛开；右手施与愿印。右舒坐在圆边三角形覆莲底座上，底座正面上沿铸"大清乾隆年敬造"款，下沿刻"自在观世音菩萨"。现供奉于故宫现存佛堂梵华楼二楼六室（功行根本品室）西壁佛龛。

128. 铜鎏金莲花妙舞自在观音像

<u>清乾隆</u>

<u>高 13.3 厘米</u>

观音为一面十八臂。头戴五叶宝冠，葫芦形发髻，耳后有束发缯带，面相寂静。袒露上身，肩披帛带，宽帛带从脑后绕至身前，在身体两侧打结后垂下，再从腿底绕出垂落于座前。胸前斜披络腋。下身著裙，佩饰圆形耳珰、项链、臂钏、手镯、脚镯。左右各九臂，排列密集呈扇面形张开，每只手各持一朵莲花。帛带及手臂过于强调对称性，使此像显得呆板，缺少艺术美感。全跏趺坐于圆边三角形覆莲底座上，底座正面上沿铸"大清乾隆年敬造"款，下沿刻"莲花妙舞自在观世音菩萨"。现供奉于故宫现存佛堂梵华楼二楼六室（功行根本品室）西壁佛龛。

129. 铜鎏金十一面观音像

<u>清乾隆</u>

<u>高 38 厘米</u>

观音为十一面八臂，最上一面为无量光佛。十一面分五层，最上两层每层一面，下面三层每层各三面，均头戴五叶冠，除从上往下第二层的一面为三目、嗔怒相外，其余十面皆二目、寂静相。袒露上身，肩披帛带，帛带绕过双臂后在身体两侧对称垂下。胸前斜披仁兽皮，下身著长裙，佩饰圆耳珰、项链、臂钏、手镯、脚镯。左右主臂于胸前合十；左副手自上而下分别持莲花、弓箭（已失）、奔巴壶，右副手自上而下分别持念珠、法轮（已失）、施与愿印，其中最下方的右副手的手心还有一目。双腿并立于椭圆形覆莲底座上。底座正面上沿铸"大清乾隆年敬造"款。现供奉于故宫现存佛堂梵华楼二楼六室（功行根本品室）西壁佛龛。

130. 铜鎏金四臂观音像

清乾隆

高 38 厘米

观音全跏趺坐姿，胸前双手合十，身后左手上举持莲花，右手上举持念珠。顶结葫芦形发髻，上立无量光佛。戴五叶冠，束发缯带于耳后下垂上卷。面相寂静，眉细如线，鼻宽大呈三角形，唇如弓形。袒上身，天衣从双肩垂下，绕过双臂，从双腿后上扬。左肩披仁兽络腋。下裙雕刻裙纹，裙边刻卷云纹。佩饰耳挡、项链、臂钏、手镯、脚镯。单层覆瓣莲座，座上沿铸"大清乾隆年敬造"款。此像属典型的乾隆宫廷佛造像风格。供奉于功行品，属九尊主佛之一。原藏梵华楼。

131. 铜鎏金观音像

清乾隆

高 28 厘米

　　观音右舒式坐，右足下踏小莲花。左手施说法印并持莲花茎，莲花靠左肩开敷。右手施与愿印。袒上身，下著裙。菩萨头戴五叶冠，束发缯带垂于耳后并翻卷向上。面相寂静，眉线细长，鼻宽大呈三角形。肩缠帛带，左肩披仁兽络腋。饰项链、臂钏、手镯、脚镯。下承覆瓣莲花座，座上沿铸"大清乾隆年敬造"款。此像供奉于般若品，属九尊主佛之一。原藏梵华楼。

132. 铜鎏金佛海观音像

清乾隆

高 39 厘米

佛海观音为观音秘密变相之一。此尊双身，观音拥抱明妃，展立姿。主尊发结顶髻，戴五叶冠，耳后垂束发缯带，饰耳珰、手镯、臂钏、脚钏等，赤裸全身，腰缠璎珞。面相微怒，细眉垂眸，宽鼻张嘴。双手拥抱明妃，左手执莲花茎，右手执念珠。明妃一面三目，亦赤裸全身，双腿缠绕主尊腰间，左手执嘎巴拉碗，右手执嘎巴拉鼓。椭圆形莲座，单覆莲瓣，座上沿铸"大清乾隆年敬造"款。此像供奉于无上瑜珈品之母续部，属九尊主佛之一。原藏梵华楼。

133．铜鎏金十一面观音像

清

高 20.2 厘米

　　观音头部共五层，顶层佛面、红色；次层为忿怒面，黑色；下三层各为三面，为白、红、绿三色。观音修眉细目，清雅静穆，双耳垂珰。八臂，胸前二臂合十，左右六臂，持弓箭、莲花、法轮、净瓶等法器。上身袒露，左肩处披仁兽皮，胸饰璎珞，腕、臂、足饰宝钏，肩披帛带，自臂缠绕，垂至裙下，作飞翘状。下著长裙，裙分内外两层，裙褶自然折叠，裙边装饰图案。赤足，足下为覆莲圆座，上下各饰一圈连珠纹，座底为十字交杵。座与像插合而成。

134. 铜鎏金观音像

<u>清</u>

<u>高 30.1 厘米 宽 19.2 厘米</u>

　　像与座分铸。观音游戏坐于长方形座上，头戴一箍，箍前中央为化佛。左手执珠，右手所托之物已失，推测为净瓶。肩覆帔帛，胸饰璎珞，下著长裙。造像含汉传与藏传佛教造像两种因素。

135．铜鎏金观音像

清

高 18.5 厘米 宽 11.4 厘米

　　像与座分铸后铆合在一起。观音游戏坐在长方形座上，左手执珠，右手托净瓶。头戴一箍，箍前中央饰阿弥陀佛像。座侧阴线刻菊花纹样，座底面刻十字形金刚杵。

　　此像不规范的游戏坐姿受到了传统水月观音造型影响，宽胸细腰的人体造型则来自藏传佛教造像因素。

石雕玉雕观音

136. 石邸荀生造观音像

北魏正光五年（524年）

高28.5厘米 宽9.5厘米

观音头戴三叶冠，束发，前额留发，头向左微倾，眉目清秀，略带笑意。肩披帔帛，下著长裙，稍向外侈，颈系饰物，右手持莲蕾，左手持桃形物，胸平腹鼓，跣足立于双瓣覆莲座上，下为长方形素面基座。舟形带状火焰纹背光，头光为五环同心圆。衣饰、背光、莲蓬、覆莲均给人厚重之感，显示出曲阳北魏时期造像的特征。将发愿文刻于正面，亦属少见。其发愿文为："武光五年八月八日，邸荀生敬造观音一区，上为皇家永隆，后为七世父母，己身眷属，法界沧生，同齐斯泽，□□待佛时。"北魏时期没有"武光"年号，其应为"正光"之误，"区"为"躯"之俗写，"沧"为"苍"之俗写，"待"则为"侍"之误书。河北曲阳石造像绝大多数为民间造像，笔误与俗写恰为其特征之一。

河北曲阳修德寺遗址出土。

137. 石张买德造观音佛像

北魏孝昌三年 (527 年)

高 25.4 厘米 宽 12 厘米

观音身著褒衣博带式袈裟，内穿僧祇支。双手相叠，掌心向内，结跏趺坐。束腰长方形须弥座上刻发愿文："孝昌三年四月廿一日，佛弟子张买德造观世音玉象成□。愿令□切边地众生，离苦得乐。"此像铭为观音，而本身却是佛像，这很可能是比较少见的观音佛。

河北曲阳修德寺遗址出土。

138．石王起同造观音像

北魏真王五年（528 年）

高 29.5 厘米　宽 11.5 厘米

　　观音头戴三叶方梁冠，发髻向后绾于冠内，发辫垂于肩。头圆雕，脑后有石柱与头光相连，脸形瘦长，下颌内收。右手残，左手持桃形物。帔帛两端在膝部呈双弧形相交，反折至双臂垂下。下身著长裙，略向外侈，裙褶简括流畅。赤足立圆形单瓣莲座上。舟形背屏正面刻双线为界，外刻火焰纹，内雕莲瓣圆形头光和齿轮状莲瓣身光。背面线刻女供养人像，双手合十，肩部饰圆形卡，悬挂三条飘带，足蹬云头展。长方形基座，右、后两面刻发愿文："真王五年，佛弟子王起同造观世音像一区。上为皇帝国主，七世父母，现前居家眷属，边地众生，离苦得乐，行如菩萨，得道成佛。"

　　河北曲阳修德寺遗址出土。

139. 石张法姜造观音像

北魏永熙二年（533年）

高 34.7 厘米 宽 13 厘米

观音头戴方梁冠，脸颊丰满，五官清秀。发辫下垂，双肩各饰圆形卡，两条系带从胸前飘下。右手上举握莲蕾，左手下垂。帔帛覆肩，两端在膝前交叉后，分别反折向上穿过左右肘垂下。下著裙，跣足立宝装圆形莲座上。背光阴线刻火焰纹等图案。长方形基座侧后三面刻发愿文："永熙二年十月十六日，赵曹生妻张法姜为妄息眷属含生之类，造观音玉像一躯，故记之。"

河北曲阳修德寺遗址出土。

140. 石董定姜造观音像

<u>东魏元象二年（539 年）</u>

<u>高 28.5 厘米 宽 12.2 厘米</u>

观音头戴方梁冠，发髻绾于冠内，发辫垂肩。脸形瘦长，面含微笑。上身袒裸，佩戴项饰，肩部圆形卡系飘带。帔帛两端在膝部交叉，上折缠双臂垂下。右手抬起握莲蕾，左手置于胯部。立圆形莲座上，背屏刻圆形头光，内雕莲瓣，外饰火焰纹。方形基座右、后、左三面刻发愿文："元象二年八月十三日，佛弟子董定姜，自为己身，患除罪灭，无病长寿，来生净国，合家居眷，同时离苦，无边众生，俱沾解脱，敬造玉观音像一区，诚心供养。"

河北曲阳修德寺遗址出土。

141. 石法广造观音像

东魏元象二年（539 年）

高 28 厘米 宽 12 厘米

舟形背光，右上部残缺。观音头戴方梁冠，发系缯带，帔帛在腹部交结，下穿长裙，跣足直立在莲花圆台上，下为方形座。座上阴刻发愿文："元象二年十月十日，比丘法广造观音玉像一区，愿国祚无穷，万境宁泰，师僧康延，父母获益，泽润黎众，俱升彼岸。"

142. 石静睕造观音像

<u>东魏兴和二年（540年）</u>

<u>高 31.8 厘米 宽 15 厘米</u>

观音头戴方梁冠，发髻绾于冠内，发辫垂肩。上身祖裸，佩戴项饰，肩部圆形卡挂几缕飘带。帔帛两端在膝部交叉，上折缠双臂垂下。右手抬起握莲蕾，左手在下持桃形物。圆形单瓣莲座，背屏光素。方形基座右、后两面刻发愿文："兴和二年四月十五日，高仲景寺比丘尼静睕，为洛难还家，敬造观音像一区，上为皇帝陛下，后为无遍众生，七世先亡，一时成佛。"

河北曲阳修德寺遗址出土。

143．石乐零秀造观音像

东魏兴和三年（541 年）

高 27 厘米　宽 13 厘米

　　观音头戴三叶冠，发髻绾于冠内，发辫垂肩。方形脸，眉眼横长，嘴角内收含笑。上身祖裸，佩戴项饰，肩部圆形卡挂几缕飘带。帔帛穿圆形璧，右端返回右侧上折，缠绕右臂下垂，左端相反。这种帔帛样式非常少见。右手抬起握莲蕾，左手在下持桃形物。圆形宝装莲座背屏后省略不雕刻，变为光素样。长方形基座右、后、左三面刻发愿文："兴和三年正月廿三日，京上村佛弟子乐零秀敬造观世音像一区，上为皇帝陛下，七世先忘，现在眷属，边地含生，等同福愿。"

　　河北曲阳修德寺遗址出土。

144．石邸月光造观音像

<u>东魏兴和四年（542年）</u>

<u>高 26.8 厘米 宽 10.3 厘米</u>

　　观音头戴方梁冠，发髻绾于冠内，发辫垂肩。上身袒裸，佩戴项饰，肩部圆形卡挂几缕飘带。帔帛两端在膝部交叉，上折缠双臂垂下。右手抬起握莲蕾，左手在下持桃形物。背屏刻同心圆头光，外饰火焰纹。圆形莲座，下为长方形基座，右、后、左三面刻发愿文："兴和四年五月十五日，清信仕佛弟子邸月光中初发愿，造请观世音像一区，上为皇帝陛下，后为七世先亡，所生父母，己身眷属，普□一切，同登洛妙，三会初首，所愿如是。"

　　河北曲阳修德寺遗址出土。

145. 石王善思造观音像

东魏武定元年（543年）

高 32 厘米　宽 14.5 厘米

　　观音头戴三叶花蔓冠，发系缯带，舟形背光残，有项饰，帔帛在腹部交结，下穿裙。右手上扬持莲蕾，左手下垂握桃形物。跣足直立莲花台上。下为长方形座。座上阴刻发愿文："武定元年二月廿三日，王善思为身在外戍遇患，发愿造观音像一区，有愿父母，见存受富，亡者生天，内外大小侍佛时。"

　　河北曲阳县出土。

146．石杨回洛造观音像

<u>东魏武定元年（543 年）</u>

<u>高 47 厘米 宽 19 厘米</u>

观音方形脸，头戴三叶花蔓冠，修眉细目，脸呈笑意，身饰璎珞。璎珞在腹部穿璧，上身内穿僧祇支，下穿束腰长裙，右手上扬持莲蕾，左手下垂握桃形物。舟形背光，外缘有三道弦纹，弦纹内为墨绘火焰纹，背光后面彩绘思惟像。长方形基座正面中央浮雕童子托博山炉，两侧护法狮子蹲立，前一足抬起，尾巴上扬。基座右、后两面刻发愿文："大魏武定元年岁次癸亥五月庚寅朔十二日辛丑，清信士佛弟子杨回洛遇患迳□，即发洪誓，愿造观音白玉像一区。上为龙天八部，中报四恩，下为含识，并及七世先亡父母，现在内亲父及己身，现存眷属，生生世世，恒值诸佛、弥勒下生，一时居道。"

河北曲阳修德寺遗址出土。

147. 石王思和造观音像

<u>东魏武定元年（543 年）</u>

<u>高 37 厘米 宽 20.5 厘米</u>

观音头戴三叶冠，发系缯带，有项饰，帔帛在腹部交结，下穿裙。右手持莲蕾，左手握桃形法物。跣足直立莲花台上。下为长方形座。座上阴刻发愿文："武定元年十月二日，菀中村王思和造白玉观音像一区，上为国主，边地众生，俱登上道。"

河北曲阳县出土。

148. 石邸昭造观音像

东魏武定二年（544 年）

高 27 厘米 宽 13 厘米

观音头戴三叶冠，发系缯带，有项饰，帔帛在腹部交结，下穿裙。右手持莲蕾，左手握桃形物。跣足直立莲花台上。下为长方形座。座上阴刻发愿文："武定二年四月廿一日，邸昭自为己身敬造观世音玉像一区，一为亡过父母，见前眷属，离苦成佛。又愿国土永安，人民得乐，法界众生，俱同成佛。愿愿如是。"

河北曲阳县出土。

149. 石马作兴造观音像

东魏武定七年（549 年）

高 36.8 厘米　宽 15 厘米

观音头戴三叶宝冠，长圆脸，五官雕凿较为简单，眉骨中间阴刻细线。内著僧祇支，佩戴项饰，肩挎穿璧式帔帛。右手上举持莲蕾，左手下垂握桃形物。僧祇支、长裙装饰双刻阴线。背屏光素，背面插座为半圆形。长方形基座四面刻发愿文："武定七年七月甲寅朔十七日，佛弟子马作兴，为见存父忘母造观世音像一区。愿忘母常在佛侧，所求如意。"

河北曲阳修德寺遗址出土。

150. 石苏老虎等造观音像

北齐天保二年（551年）

高 55.5 厘米　宽 28.5 厘米

　　观音圆形脸庞，头戴三叶冠。身披左右双弧形帔帛，佩穿璧璎珞，右手持莲蕾，左手握桃形物，赤足立圆形莲座上。莲座两侧出长茎莲台，上立胁侍弟子。背屏插座呈桃形。基座前面雕刻化生童子托博山炉和护法狮，其他三面刻发愿文："天保二年七月廿九日，马口村西来客雍州京兆郡页成县苏老虎，咸阳郡宁夷县骆总明、张庆珍、韩瓮生十三人等，造白玉观世音像一区。上为皇帝，下为一切，自为己身□人，□永国□□□□□□王吴双□□□□□妙洛，俱□买□。东□州华山郡□县人田□、王法正、比丘僧僧幽。"

　　河北曲阳修德寺遗址出土。

151. 石来□□造观音像

<u>北齐乾明元年（560年）</u>

<u>高 31 厘米　宽 19 厘米</u>

观音头戴三叶冠，帔帛在腹部交结，下穿裙。右手持莲蕾，左手握桃形物。跣足直立莲花台上。下为长方形座。座上阴刻发愿文："乾明元年□月八日，安熹县来□□为忘比敬造观音像一区，上为皇帝师僧，七世父母，见在眷属，法界一时成佛。"

河北曲阳县出土。

152. 石刘仰造双观音像

北齐太宁二年（562 年）

高 54 厘米 宽 26 厘米

双观音直立莲花台座上，均双手一持桃形物，一持莲蕾，左右对称。舟形背光，上部浮雕双飞天托宝塔形象。基座正面中央雕童子托博山炉，向外依次为双狮、力士。基座侧面刻有"太宁二年二月八日，珍妻刘仰为忘夫敬造白玉双观音像一区，并及己身，无病长受，所愿如是"发愿文。

河北曲阳修德寺遗址出土。

153．石高绍伯造观音像

北齐河清四年（565年）

高20厘米 宽11厘米

观音头戴三叶花蔓冠，发系缯带，有项
饰，帔帛在腹部交结，下穿裙。右手持莲蕾，
左手握桃形物。跣足直立莲花台上。下为长
方形座。座上阴刻发愿文："河清四年四月八
日，高绍伯为父母敬造观世音一区，上为皇帝
陛下，又为见存倦属，大小平安，居时成佛。"

河北曲阳县出土。

154. 石惠善造观音像

<u>北齐武平五年（574年）</u>

<u>高30厘米 宽13厘米</u>

观音头戴花蔓冠，身披结纽式帔帛。右手上举持莲蕾，左手下垂提桃形物。背屏光素，背面底部雕圆形插座。基座三面刻发愿文："武平五年三月十日，张市寺尼惠善为亡父敬造伯玉观音像一区。愿使亡者生天，见在母子，生生世世，直佛问法。"

河北曲阳修德寺遗址出土。

155. 石邸元颖造双观音像

北齐

高 33.5 厘米 宽 16 厘米

此尊双观音像，素面大舟形背光，二观音均跣足立于覆莲圆座上，头戴三叶式花冠，缯带垂坠于头两侧。手势对称，内侧手执莲蕾贴在胸前，外侧手提桃形物置于腰部一侧。帛带两端在腹前穿璧交叉后下垂，又分别反折向上穿过左右肘顺体侧垂下。长方体形基座正面采用高浮雕形式，两侧为护法狮，中间为博山炉。背面刊刻造像记："邸元颖为亡姚造双观世音象一区。"

二观音具有北齐时期作品的典型风格。在定州系石佛像中是十分流行的一种造型。这种造型出现于北齐中期，盛行于北齐晚期至隋。

河北曲阳修德寺遗址出土。

156. 石张晖妃等造双观音像

<u>隋开皇十五年 (595 年)</u>

<u>高 24 厘米 宽 14.5 厘米</u>

　　双观音头戴三叶冠，有项饰，上身袒露，下著裙。右手上举持莲蕾，左手下垂握桃形物，赤足立圆形莲台上。左右保持一致。莲台下为长方形座，座上阴刻发愿文："开皇十五年七月卅日，清信女张晖妃、妹阿孟为亡父母敬造双观音像一区。"

　　该像线条简洁，形体处理具有北齐至隋造型特征。

　　河北曲阳县出土。

157. 石邸善护造观音像

<u>隋开皇十七年（597 年）</u>

<u>高 24.3 厘米 宽 10.8 厘米</u>

观音头戴花蔓冠，身披上下双弧形帔帛。
右手上举持莲蕾，左手下垂握桃形物，赤足立
圆形莲座上。背屏后有半圆形插屏座。基座右、
后、左三面刻发愿文："开皇十七年三月十五
日，佛弟子邸善护，自为己身敬造观世音象一
区。普为一切众生，皆登正觉。"

河北曲阳修德寺遗址出土。

158. 石狮吼观音像

<u>明</u>

<u>高 29 厘米 宽 15.5 厘米</u>

观音头戴三叶冠，冠正面有一化佛。肩
覆帔帛，胸饰璎珞，半跏趺坐在束腰须弥座上，
左足下垂，以莲花承托。座前右侧有一蹲坐
小兽，推测应是观音坐骑狮吼。

159. 石观音像

清

高 13.5 厘米 宽 9.5 厘米

观音头戴披风，高髻上盘，身穿天衣。坐姿，左腿抬起，双手相搭于左膝上，姿态自然。从形象上看可能是白衣观音。

160. 白玉观音像

清

<u>高 11.7 厘米 宽 11.5 厘米</u>

　　观音倚坐于山石旁，头戴风帽，发髻前部正中饰如意云头簪，颈部饰华丽的项圈和璎珞。右手抚膝，左手持手串，神情闲适、怡然。风帽及衣襟边缘装饰精细的阴刻海水江崖纹。

　　此观音玉质纯净，造型优雅，衣褶线条优美、流畅而富立体感，发丝以及衣帽边缘纹饰的雕琢细致入微，是玉雕观音的上乘之作。

161. 青玉观音像

<u>清</u>

<u>高 38.9 厘米 宽 29.3 厘米</u>

有绺。观音盘膝趺坐，头戴风帽，发髻
正中饰带背光坐佛，耳戴珰，颈饰项链，衣抹
胸。左手托宝瓶、宝珠，右手持杨枝。

此玉观音坐像形体硕大，颇为罕见。

162. 青玉观音像

清

高 20 厘米 宽 14.5 厘米

青玉略灰。观音盘膝而坐，戴风帽，发髻正中饰坐佛，颈饰项链。左手持净瓶，右手持杨枝。背部镌刻乾隆二十七年（1762 年）御制《玉观音赞》："善哉大士，无像不现。而不执像，权巧方便。西昆产玉，王母所都。大士王母，何同何殊。水月道场，白衣宴坐。施悲用慈，无可不可。当以何度，说法无遮。玉不藉镂，竟演法华。谓珍琳琅，则匹瓦砾。三界十方，甘露一滴。于微尘里，转大法轮。如是端相，稽首普门。"诗文后署"古香"、"太朴"二印。

163. 青玉观音像

<u>清</u>

<u>高 26.4 厘米 宽 11.4 厘米</u>

　　青玉略灰。观音头戴风帽,衣抹胸,发髻正中饰宝珠,手持手串,跣足而立。底部双孔内插有铁条,显示其原应是固定于他物之上。

　　观音手持手串,在清代颇为盛行。手串通常由佛头、记念、坠角以及十八颗数珠串连而成,材质丰富,有玉、翡翠、碧玺、玛瑙、青金石、水晶、伽南香等。既可手持,亦可别于侧襟钮上。

164. 青玉观音像

清

高 17.1 厘米 宽 7.1 厘米

观音微侧首，跣足而立。头戴风帽，发髻正中饰莲花座坐佛。衣抹胸，饰璎珞。左手持手串，右手持宝瓶，中插花枝。

此观音脸颊椭圆细长，与传统丰腴的面相不同，颇具明、清后宫仕女画人物面部特征。

165. 碧玉观音像

<u>清</u>

<u>高 28.8 厘米 宽 10.7 厘米</u>

　　碧玉带黑斑。观音跣足而立，面露微笑。头戴风帽，发髻正中饰莲花座坐佛顶簪。胸饰宝轮璎珞。双耳戴耳坠，腕间饰手镯。双手交叠自然下垂，左手持念珠。

　　辽代皇室、贵族的鎏金冠上常见装饰坐佛，明代流行的金顶簪簪首也见坐佛或佛字。体现出佛教与日常生活之间的相互影响。

陶瓷观音

166. 耀州窑青釉加金送子观音像

金

高 18.8 厘米 宽 8.5 厘米

观音发髻盘起，戴风帽，披肩长巾。面
庞丰腴略呈圆形，双目下视，巧鼻小嘴。颈脖
及上胸袒露，饰吉祥串饰。身著长衣，双手露
出，左手怀抱一婴儿于胸前，右手放于膝上。
圆肩修身，衣纹简练丰满，皱褶迭起，舒展流
畅，长裙曳足，双足露出，倚坐。通体施青釉
加金彩，釉色青中泛黄，金彩已脱落。

中国封建社会是以家族宗法制为基础
的。它促使人们对孝亲、血脉传承极为重视，
也就有了"不孝有三，无后为大"的说法。
观音具有大慈大悲心肠，对信众有求必应，人
们也将民间送子娘娘的司职，与观音联系在
了一起。这也反映出观音信仰的新走向。

167. 景德镇窑青白釉观音像

<u>元</u>

<u>高 20 厘米 宽 10.5 厘米</u>

观音头发细密，向后梳束，面如满月，神态慈祥。长裙委地，通体满饰璎珞，端庄典雅。

景德镇艺术匠师以丰富的艺术想象力和对神灵佛像的虔诚敬畏，灵活地运用瓷土的可塑性，表现出观音大士慈悲仁厚、福德俱足的内心世界。元代青白釉观音塑像国内有数件出土，此青白釉观音塑像虽然伤璺严重，但仍不失为一件精美的作品。

168. 琉璃胡□明等造狮吼观音像

<u>明成化二十一年（1485 年）</u>

<u>高 134 厘米 宽 68 厘米</u>

　　观音头冠上有化佛，结跏趺坐，胸饰璎珞，双手相叠，山子形座。底座前原有观音骑狮吼，已失。琉璃以绿、黄为主。背部有发愿文："功德主胡□明，黄氏妙□，长男胡应畤、胡应林、胡应山、胡应朝，男妇妙果、妙镇、妙缘、妙全。成化二十一年七月吉日造。"从发愿文中可知这是一件家庭造像。

169. 德化窑白釉童子拜观音像

明

高 15.3 厘米 宽 5.6 厘米

　　此为善财童子拜观音图像。观音与善财
的双睛均点漆，与像本身的白色相对照，颇为
醒目。观音与善财似现实生活中的一对母子，
富有亲情。

170. 德化窑白釉鱼篮观音像

<u>明</u>

<u>高 15.5 厘米 宽 5.7 厘米</u>

　　鱼篮观音最初称马郎妇，后来在民间演变成提鱼篮的形象。万历皇帝的母亲李太后曾亲绘鱼篮观音图，并勒石流传，鱼篮观音遂成为明清时期常见的一种观音造型，深受一般信众的喜爱。此观音融入了白衣观音的造型特点。

171. 德化窑白釉观音像

<u>明</u>

<u>高 29.7 厘米 宽 16.5 厘米</u>

　　观音发髻盘起，戴风帽。面庞丰腴呈椭圆形，双目微垂，巧鼻小嘴，颈脖及上胸袒露。身著宽袖长衣，胸腹部正中衣带交结，双手藏于袖内做右拱势。圆肩修身，左部衣纹简练丰满，衬托出肌体的弹性感，右侧皱褶迭起，密集流畅，衣裳下摆翻卷，边角翘起，长裙曳足，露一足，做自在之姿。中空。通体施白釉。

　　德化窑位于福建腹地山区的德化县，始于唐代，宋代起渐产白瓷，明代达到了高峰。明代德化白瓷在继承传统工艺的基础上，进一步将追求玉器质感的完美性发展到历史的颠峰，代表了这种技术水准的是乳白釉瓷器。这种瓷器的胎骨坚致，俗称"糯米胎"，带有晶莹的光泽；釉水洁净匀厚，与胎骨结合紧密，浑然一体；呈色温润剔透，素实雅观。器体在光线照耀下，可映见指影，敲击时发出清越悠扬的金属声。乳白的釉色仔细观察又分为两种情形，一种白中晕泛粉红，犹如婴孩肌肤般的鲜嫩，俗称"孩儿红"；一种白微闪黄，俗称"猪油白"，适宜于仙佛人物塑像的烧造。这类塑像领尽风骚，有"东方艺术"之誉。

172. 德化窑白釉观音像

<u>明</u>

<u>高 18 厘米　宽 14 厘米</u>

　　观音发髻盘起，面庞丰腴呈椭圆形，眼微睁，巧鼻小嘴。颈脖及上胸袒露，饰璎珞串饰。身著宽袖长衣，双手露出，左手拿一经卷，右手持念珠放于膝上。圆肩修身，衣纹简练丰满，衣裳下摆翻卷，边角翘起，长裙曳足，露一足，做自在之姿。中空。通体施白釉。

173. 德化窑白釉观音像

<u>明</u>

<u>高 20 厘米　宽 12.5 厘米</u>

　　观音发髻盘起，面庞丰腴呈椭圆形，眼微睁，巧鼻小嘴。颈脖及上胸袒露，饰璎珞串饰。身著宽袖长衣，双手露出，左手拿一经卷，右手持念珠放于膝上。圆肩修身，衣纹简练丰满，衣裳下摆翻卷，边角翘起，长裙曳足，做自在之姿。中空。通体施白釉。

174. 德化窑白釉观音像

明

高 25 厘米　宽 14.5 厘米

　　观音头发盘起，眉间有白毫。修眉似柳叶，双眼微合，直鼻小口，似明清时期人物画中的仕女，端庄娴雅，颇有大家闺秀风韵。身穿天衣，胸饰璎珞。左腿盘坐，右腿斜倚，姿态闲适自然。左手持经卷，右手持佛珠。下为山形座。其胎体细密，釉色纯净，衣纹收缩比例恰到好处，增加了作品的艺术感染力。

175. 德化窑白釉观音像

<u>明</u>

<u>高 47 厘米 宽 13.5 厘米</u>

　　观音头部微低，双目微垂，双手拱于身前，其发髻高束，身披长巾，胸前璎珞珠佩作如意形。双手隐于衣衫内，赤足站在浪花翻滚的海涛上，作乘风破浪，疾驰而行状。其衣衫被海风微微拂起，神情默然，耐人寻味。中空。通体施白釉。

176. 德化窑白釉何朝宗款观音像

<u>明</u>

<u>高 19 厘米 宽 12 厘米</u>

观音低首垂目，面形长圆，饱满丰润，神情慈祥，似在俯瞰尘世众生。头戴风帽，身披长巾，胸前璎珞珠佩作如意形。双手露出，一手托如意，一足半露，一足屈掩。中空。通体施白釉，背后戳印阴文葫芦形"何朝宗"三字篆体印章款。

此件雕像出自于明代德化窑瓷塑家何朝宗之手。何朝宗，明代嘉靖、万历年间人，著名民间雕塑艺人，他擅长雕塑神仙、佛像，尤以观音、如来、达摩、罗汉著称。作者以娴熟的手法将作品塑造得神形完备，栩栩如生，其形象气质与工艺技巧融于一体，达到了神形统一的境地，可谓经典之作。

177. 德化窑白釉何朝宗款观音像

<u>明</u>

<u>高28.8厘米 宽14厘米</u>

观音发髻盘起，面庞丰腴呈椭圆形，双目下视，巧鼻小嘴。颈脖及上胸袒露，饰璎珞串饰。身著宽袖长衣，双手藏于袖内做右拱势。圆肩修身，左部衣纹简练丰满，右侧皱褶迭起，密集流畅，衣裳下摆翻卷，边角翘起，长裙曳足，做自在之姿。中空。通体施白釉，背后戳印阴文葫芦形"何朝宗"三字篆体印章款。

178. 德化窑白釉何朝宗款观音像

明

高 28 厘米 底径 13.3 厘米

观音低首垂目，面形长圆，饱满丰润，神情慈祥，似在俯瞰尘世众生。其发髻高束，正中插如意形头饰，头戴风帽，身披长巾，胸前璎珞珠佩亦作如意形。双手隐于衣衫下，一足半露，一足屈掩。其衣纹自然，透过垂拂流转的衣褶，隐露出观音的肢体形态。中空。通体施白釉，背后戳印阴文葫芦形"何朝宗"三字篆体印章款。

179. 德化窑白釉何朝宗款观音像

明

高 42.2 厘米 宽 12 厘米

　　观音发髻盘起，戴风帽，披肩长巾。面庞
丰腴略呈椭圆形，双目下视，巧鼻小嘴。颈脖
及上胸袒露，饰璎珞串饰。身著宽袖长衣，胸
腹部正中衣带交结，双手藏于袖内做右拱势。
圆肩修身，左部衣纹简练丰满，衬托出肌体的
弹性感，右侧皱褶迭起，密集流畅，衣裳下摆
翻卷，边角翘起，若迎风飘拂，长裙曳足，露
一足踏立于波涛之上。中空。通体施白釉。
背后戳印阴文葫芦形"何朝宗"三字篆体印
章款。

180. 德化窑白釉何朝宗款观音像

<u>明</u>

<u>高 35.5 厘米 宽 11 厘米</u>

　　观音发髻盘起，面庞丰腴略呈椭圆形，双目下视，巧鼻小嘴。颈脖及上胸袒露，饰璎珞串饰。身著宽袖长衣，胸腹部正中衣带交结。圆肩修身，衣纹皱褶迭起，密集流畅，衣裳下摆翻卷，边角翘起，若迎风飘拂，长裙曳足，立于浮动的莲花之上，足下波涛汹涌。中空。通体施白釉，背后戳印阴文葫芦形"何朝宗"三字篆体印章款。

181. 德化窑白釉何朝宗款观音像

明

高 46.5 厘米 宽 14 厘米

　　胎质厚重，坚细洁白，釉面莹亮温润，白中闪黄，呈乳白色。观音头顶发髻高盘，饰花箍，容貌温婉闲雅，双目下视，直鼻小口，微露笑意，神态庄重慈祥。身穿高腰长裙，外罩连帽披风，风帽遮头，衣褶流畅，随风飘动。胸前佩戴珠饰，双手交于腹前，跣足而立，足下浪花翻卷。观音神情自若，飘然于海上。像背后有方形篆书"何朝宗印"四字戳记。

182. 德化窑白釉观音像

清

<u>高 20.5 厘米 宽 14 厘米</u>

　　观音头发盘起，眉间有白毫。修眉似柳叶，双眼微合，直鼻小口，似明清时期人物画中的仕女，端庄娴雅，颇有大家闺秀风韵。身穿天衣，胸饰璎珞。左腿盘坐，右腿斜倚，姿态闲适自然。双手抚右膝，坐在山形座上，其旁有经卷。

183．德化窑白釉观音像

清

高 21.9 厘米　宽 10.5 厘米

　　观音坐于洞石之上。发髻高盘，头戴披巾，双眼微睁，目视前方。立右腿，右手放于膝上，左腿盘曲，身披长衫，神态安然。

184. 德化窑白釉何朝水款观音像

清

高 23 厘米 宽 16 厘米

　　观音游戏坐礁石上，头戴披风。神态静穆优雅，衣纹刻划形象洗练。背有"何朝水"葫芦形戳记与"溥及渔人"方形戳记。

185. 德化窑白釉观音像

清

高 48 厘米 宽 14 厘米

此观音像胎体细密,透光度好,釉色纯净。像背后有葫芦形印文"何朝宗",及"佛弟子张□清拜奉塑"字样。

此"何朝宗"款与常见的不同,应是后仿的。

186．德化窑白釉观音像

清

<u>高 40.5 厘米　宽 12 厘米</u>

　　观音头发盘起，修眉似柳叶，双眼微合，直鼻小口。身穿天衣，胸饰璎珞。双手笼在宽大的袖内，衣纹顺势起伏，似被足下波涛吹起。背部有"博及渔人"方形印戳记。

187. 德化窑白釉苟江款观音像

清

高 45.7 厘米　宽 14 厘米

观音跣足立在水涡纹座上，两手隐于袖内，头戴披风。头略低，双眼微闭，显示出慈祥静穆之态。背后有"苟江"款。

188. 德化窑白釉狮吼观音像

清

高 19 厘米 宽 14 厘米

观音身穿天衣，胸饰璎珞。身躯略向左侧。坐骑为狮吼。狮吼眉毛浓密，粗卷，巨眼，颔下有一圈似连珠纹的胡须，尾巴内卷，蹲卧。虽有威猛之躯，但在观音足下，却显得非常温顺，二者相互对比，相映成趣。

189. 德化窑白釉准提观音像

清

高 26.5 厘米

观音三目十六臂，结跏趺坐仰覆莲台座上。戴宝冠，头顶束双髻。左右各八只手，胸前两手合掌，左侧手持物有莲花、净瓶、宝螺、箭、经卷等，右侧手持物有莲蕾、宝剑、念珠、宝斧等。

该观音像三目、手持器物以及坐莲花上诸特征，大体上与准提观音诸经典记述一致，尤其正中双手合掌，两小指、两无名指插入掌中，两中指竖起相对的特征，与准提观音经典记载的描述完全一致。而经典中十八臂的描述与像不符，推测此作品可能是简化形式。准提观音像适用于佛教修行，尤其禅宗将准提观音作为曼荼罗观音部之一尊，深加崇敬，此准提观音像的制作可能与禅宗的信仰有关。

190. 德化窑白釉童子拜观音像

清

高 27.5 厘米 宽 13.5 厘米

　　善财童子上身赤裸，一条飘带从头顶飘飘下垂，面含笑意，双手合十，向其右侧的观音施礼相拜。

191. 德化窑白釉童子拜观音像

清

高 26.5 厘米　宽 13.5 厘米

　　善财童子上身赤裸，一条飘带从头顶飘飘下垂，面含笑意，双手合十，向其右侧的观音施礼相拜。观音头戴披风，左手执莲茎，右手抚膝，游戏坐于莲台上，莲台下有莲花、荷叶与波涛。

192. 德化窑白釉送子观音像

清

高 33 厘米　宽 13 厘米

　　观音头束螺式发髻，披斗篷式袈裟，胸间饰璎珞，手腕饰玉镯，赤足，半跏趺坐于山岩座上。神情娴淑，姿态端庄。其怀中抱一小儿，小儿左手执元宝，右手扬掌偏外作与人状（即满愿状）。在观音的左侧置放经卷。下设紫檀木雕底座。瓷塑胎质略显粗糙，釉料乳白中微泛青。

　　此像生动传神，在衣饰和手势的处理上颇具匠心。

193. 德化窑白釉送子观音像

<u>清</u>

<u>高 18 厘米 宽 8 厘米</u>

观音身穿天衣，胸饰璎珞。左腿盘坐，右
腿斜倚，双手抱一童子，坐在镂空山形座上，
其左侧置放经卷。母亲的世俗亲情与神祇的
超然气韵在这里被工匠巧妙地融合在一起。

194. 素三彩观音像

<u>清康熙（1662～1722年）</u>

<u>高 17.8 厘米 宽 11 厘米</u>

　　观音结跏趺坐，双手放于膝上，右手握一如意，双目俯视，发髻高挽，身戴项珠。后背有一方孔。通体施黄、绿、紫三彩。

195．五彩观音像

清康熙五十五年（1716 年）

高 30 厘米　宽 15 厘米

　　观音发髻盘起，戴风帽，面庞丰腴呈椭圆形，眼微闭。颈脖及上胸袒露，饰璎珞串饰。身著宽袖长衣，双手施禅定印。圆肩修身，衣纹流畅丰满，衣裳下摆翻卷，边角翘起，双足露出，坐于莲花台上。通体五彩装饰。下承方台。座前墨书"信士弟子刘桂生敬请观音大士壹尊，祈保合家清吉，福寿康宁，人财兴旺。康熙丙申年仲冬月吉旦。"

196. 彭城窑白地黑花送子观音像

清

高 38.5 厘米 宽 20.5 厘

　　观音发髻盘起，戴风帽，面庞丰腴呈椭圆形，眼微睁。颈脖及上胸袒露。身著宽袖长衣，双手怀抱婴孩。圆肩修身，衣纹简洁丰满，衣裳下摆露出双腿，游戏坐于莲花台上。中空。通体白地黑彩装饰，莲花座施黑褐釉。

木雕牙雕犀角雕观音

197. 木雕彩绘观音像

<u>辽</u>

<u>高 192 厘米 宽 80 厘米</u>

　　观音头戴宝冠，宝冠正中有一化佛。面庞
圆润，两颊丰满，微露笑意。足下为圆形莲花。

　　此像与山西大同华严寺辽代泥塑及同时
期金铜佛风格一致，其雕刻准确细腻，神祇高
贵的气质被充分表现出来。

198. 木雕彩绘观音像

北宋

高 127.5 厘米 宽 97 厘米

　　观音头戴高冠，冠上有一化佛，系宝缯，宝缯及发绺下垂，额嵌白毫，已失。细眉，秀目，面颊丰满，唇绘胡须，上身袒露著帔帛，下著长裙，胸饰璎珞，臂有宝钏，衣饰塑造轻盈流动，富有韵律感。半跏趺坐，身体略前倾。像全身彩绘，由数块木头插合组成。

　　观音自印度传入中土，经过与华夏文化的长期融合，逐渐成为最受中国善男信女欢迎的神祇之一。此观音像望之俨然，即之也温，堪称北宋木雕中的上乘佳作。

199．木雕彩绘观音像（残）

<u>金</u>

<u>高 66 厘米　宽 43 厘米</u>

　　观音身体部分已失，只存留头部。面形方圆，五官凹凸感强，盘高发髻，云纹高冠中央饰化佛，造型接近加拿大多伦多博物馆所藏山西洪洞金明昌六年（1195 年）木雕观音像，推测为山西金代作品。

200．黄杨木雕观音像

<u>明</u>

<u>高 23.5 厘米 底径 6.1×5 厘米</u>

观音侧身玉立，身披广袖天衣。发挽高
髻，微合双目，面容安详，胸饰璎珞，一手捧
经卷，一手于身前似褰裳，显现出一种女性化
的优雅端庄，下露足趾。

此作品之面部处理颇具特点，脸庞丰满，
五官集中，着力于正面视角，而其衣纹雕刻飘
逸且不失垂感，曲线流畅柔和，将人物丰肌润
骨的美感很好地衬托了出来。

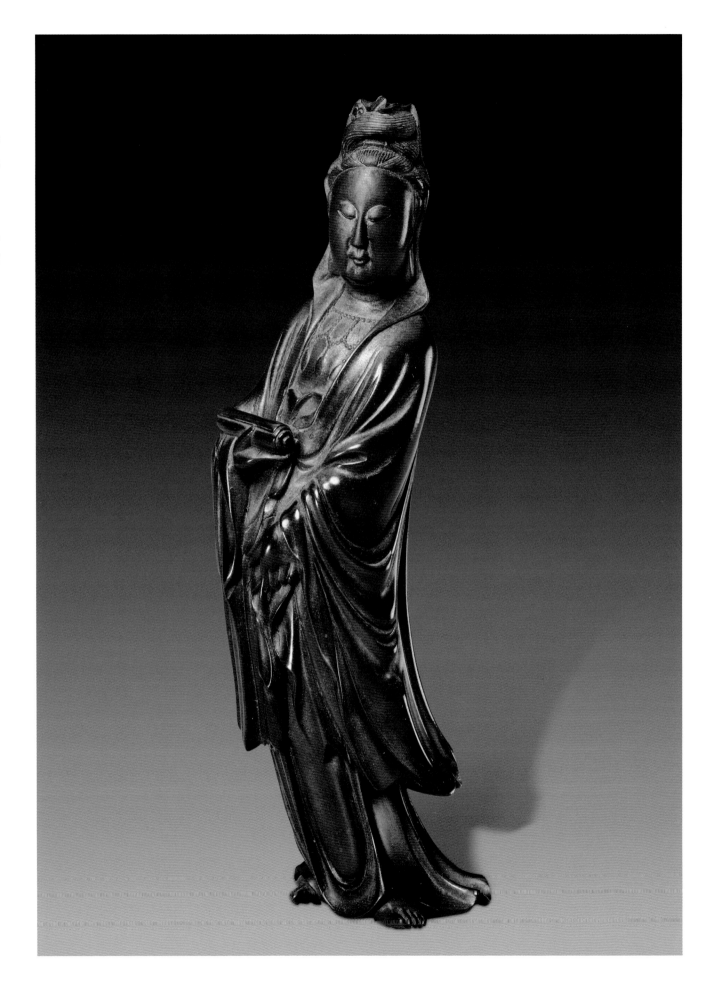

201. 沉香木雕送子观音像

清

<u>高 36.3 厘米</u>

　　圆雕观音立像，颔首垂睫，笑意盈然。怀中一婴儿，眉开眼笑。观音一手扶其臂、一手托其臀，神态俱生动可亲。

　　此作品最可注意处，在于对材料的使用。观音之发绺、面容、手臂及婴孩之身体，均精心雕刻打磨，显得光润细腻，而衣衫则保留沉香木特有之凹凸起伏，虽经琢磨，但粗犷尚在，与细刻处形成对比，效果强烈。

202. 沉香木雕童子拜观音像

<u>清乾隆</u>

<u>高 12.6 厘米</u>

以沉香木雕为山子式，观音斜坐于上，侧下一童仰面稽首，帔帛飞扬。底部阴刻隶书："普门大士，悲济以慈。随声应感，实语非虚。应以何度，现身说法。汝自不知，堕鸠槃荼。须弥枣叶，孰大孰小？是木栴檀，示相了了。水月宴坐，花雨缤纷。善财合掌，稽首慈云。"署"乾隆御赞"并"太"、"卦"印。配紫檀雕莲座。

查此赞收于《清高宗御制文集·初集》卷三〇，为《木刻观音像赞》。作品根据原材料的形态精心构图，磨工特佳，配合大面积镂雕，使人物与景物融合无间，设计极为巧妙。人物之眉目、手足及衣纹等交代清晰，观音的面容、形态颇为传神，不过，总体而言，雕刻较为节制，意在保存整体之浑朴和谐。

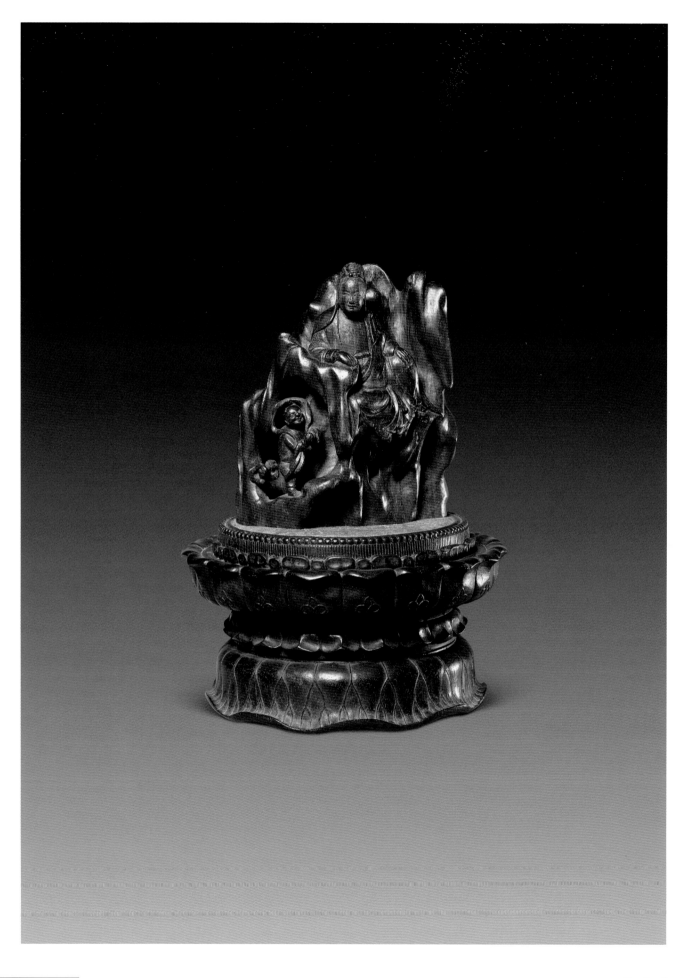

203. 木雕金漆观音像

<u>清</u>

<u>高 21.5 厘米 宽 13.2 厘米</u>

　　观音束发，修眉细长，面庞圆润，直鼻小口，双目略向下视，大耳下垂。肩覆帔帛，下穿长裙，胸饰璎珞，结跏趺坐。左手持瓶，右手持杨枝。座与像分开雕刻。底座分两部分。上部为仰覆莲台，下部为变体束腰须弥座，造型较为独特。

　　此像雕刻精美，金漆光亮匀称，融入了汉藏两种造像风格。作品可能出自清宫工匠之手。

204. 木雕金漆观音像

清

高 118 厘米　宽 103 厘米

　　观音束发，修眉细长，面庞圆润，直鼻小口，双目略向下视，大耳下垂。肩覆帔帛，下穿长裙，胸饰璎珞，半跏趺坐，右足外露。姿态舒适自然。木质外部饰以金漆，衣纹图案华丽，具有皇家风范。

205. 木雕金漆观音像

清

高 22 厘米 宽 18 厘米

观音头束高发髻，面庞丰满，眉清目秀，神态怡然。身披天衣，袒胸，胸肌饱满，上挂华丽饰物。下身着裙，高裙腰，衣摆覆地，双足赤露，呈半跏趺坐姿。左手抚地，右臂自然放于膝上，手指细长，持珊瑚珠一串。

206．木雕金漆观音像

清

高 18 厘米 宽 18 厘米

观音高束发髻，修眉细目，面相慈祥端庄，直鼻小口，大耳下垂。身穿天衣，胸饰璎珞，下著束腰长裙。半跏趺坐姿，姿态闲适自然。

该观音雕刻精美，金漆匀称，代表了皇家制作水平。

207. 象牙雕送子观音像

<u>明</u>

<u>高 10.7 厘米 底径 5.5 厘米</u>

圆雕观音送子像，熏染痕迹明显。观音
半跏趺坐式，着广袖天衣，盘发高髻，面目丰
腴，两耳垂肩，额头正中有白毫纹，低垂眼睑，
秀丽端庄。胸前饰璎珞，赤足，衣角下微露脚
趾。双手托一婴孩，婴孩手持一长柄方印，上
刻"王"字，似寓所送之子大福大贵。配紫
檀雕八方座。

208．象牙雕观音像

清

高 23 厘米

圆雕观音立像，有染色痕。面相丰腴，双目低垂，安详静穆。头戴宝冠，袒露上身，肩披帛带，右手结与愿印，左手拈莲花，腰下束裙，于下摆处刻图案化的褶纹，双腿系禅带。下承仰莲座，背饰卷草纹身光及头光。

此作在某些局部处理上有程式化倾向，但总体而言比较严谨细腻，符合藏传造像系统的规制，与目前所见大多数汉地牙雕观音的世俗性倾向不同。

209. 象牙雕观音像

清

<u>高 12.9 厘米</u>

圆雕观音半跏趺坐于莲台上，高髻浅笑，身材纤长，天衣披肩，胸垂璎珞，右手拈珠上举，左手握念珠抚于膝头。观音身侧各置牙雕善财童子与龙女，一合十，一执幡，幡上阴刻"五谷丰登"吉语，构成一小型景观（图片只显示了主体的观音）。

本像人物衣纹、容貌处理较为程式化，雕刻痕迹明显，特别是念珠、足部等圆转的部分，带有晚清时期北京地区牙雕的某些特征。下承镂雕灵芝纹木座。外有原配玻璃罩盒，上贴纸签，楷书"前出使义国大臣黄诰跪"。查黄诰于光绪三十一年（1905 年）任出使意大利大臣，光绪三十四年（1908 年）被召回京，曾撰《义轺纪程》。依纸签记录，此观音像当为其进献之物，颇有历史研究价值。

210. 犀角雕桃花座观音像

清

高 12.2 厘米 底径 11.5 厘米

圆雕，像略呈金字塔形。人物端坐，微合双目，面庞团圆安祥，着敞领广袖深衣，挽髻戴冠，右手捧如意，左手持数珠，身侧倚凭几，其下桃花座上似铺设草叶为席。

作品巧妙地利用了犀角的形态，并根据角材的色泽分布，使人物的面部等部分处于较深的区域，而服饰等则较浅，有力地突出了重点，意匠近于玉器工艺中的"俏色"。而其刀法也颇为流畅，衣纹的处理尤佳，局部镂雕的运用恰到好处。至于其形象刻画则无白毫及璎珞之属，故庄严中又不失人间的韵味，表现的是菩萨抑或另有其人，还有待进一步探讨。作品为香港收藏家叶义先生捐赠。

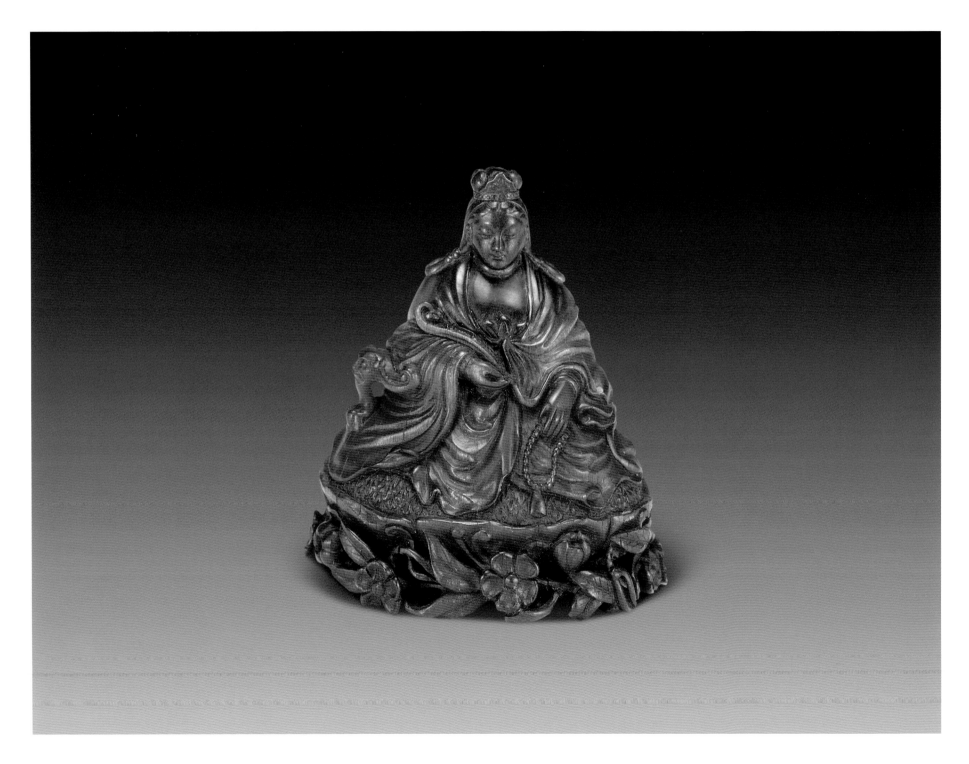

绘画织绣观音

211. 白衣观音像

五代

纵 52 厘米　横 55.2 厘米

　　绢本，设色。观音头戴宝冠，宝冠前端有化佛，冠上披白色披巾，颈佩项圈，身披白色袈裟，左手搭膝上提净瓶，右手执柳枝。自在坐于方形须弥座上。观音座侧一男供养人手执香炉面对观音而跪，此人头戴黑冠，身著白色圆领袍，腰束红色革带。男供养人身后立一女童，头梳双髻，左手抱包袱，右手握长柄扇。供养人头顶有两朵祥云，其中一祥云上为一双臂绕帔帛、右手托花盘的散花童子；另一祥云上为置于莲座上的羯磨杵。该图保存基本完好，线条细劲流畅，设色鲜丽。

　　图中自在坐观音系模仿当时流行的水月观音的形象，供养人应该是出资绘制此铺观音像的功德主。供养人身著白衣，与观音袈裟的颜色一致，如此安排当是为了显示供养人虔诚皈依的心理。此图出自敦煌藏经洞。

212. 明本绘鱼篮观音像

元

纵 70.3 厘米 横 27.7 厘米

纸本，墨笔。该图用禅画的笔法表现了鱼篮观音的形象。观音作一村妇形象，左手执笊篱，右手提篮。双髻用淡墨擦染而成，面目勾勒简单，交领束腰长裙以淡墨草草勾出，衣襟、袖口、腰带以浓墨提醒。全画笔墨简洁，线条潦草而带有拙意，着力突出了禅的意象。本幅款识："□□庵主笔"。画面上方："有漏笊篱，浑无孔窍。更问如何，灵灵自照。幻住明本。"画面下端另钤有"谭氏区斋书画之章"、"和庵文"、"谭敬私印"鉴藏印。裱边钤有"粤人谭敬印"、"和庵鉴定真迹"二印。

明本（1263～1323年），号中峰，元成宗至英宗时期的著名禅僧，赵孟頫曾屡次叩问其佛教大意，逝世后顺帝时被追谥为普应国师。

213. 方维仪绘白衣观音像

明

纵 56.5 厘米　横 26.6 厘米

　　纸本，墨笔。该图以极为简洁的白描表现了白衣观音的形象。观音面目线条较为柔淡，衣纹线条略显粗重，圆转流畅，突出了观音大士庄严、恬静的神态。左侧款识曰："皖桐姚门方氏维仪薰沐写，时年七十有一。"下钤"清芬阁"等印。

　　明清女画家参与道释画的创作是该时期较为独特的现象。她们或为官宦、书画世家之妻女，或为有才艺的妓女等，多擅画大士、罗汉像，方维仪即为其中有代表性的一位。方维仪（1585～1668年），字仲贤，安徽桐城人，秀水姚孙棨妻。她身世凄苦，新婚不久丈夫去世，其遗腹女又夭折，姊姊、弟媳、堂妹亦遭横祸，她在《未亡人微生述》中嗟叹说："万物有托，余独无依，哀郁交集，涕泗沾帷。"她酷精禅藻，擅绘大士、罗汉像，尤精于白描大士，本幅即其代表作，故宫博物院还藏有她78岁时画的《蕉石罗汉图》。

214. 陈洪绶绘白衣送子观音像

<u>明</u>

<u>纵 82 厘米 横 24.3 厘米</u>

纸本，设色。观音头梳高髻，尖冠上饰火焰纹宝珠，面容奇古，呈男性面目特征。身着白色束腰长袍，怀抱一执莲花的童子，袍下露出裤筒，跣足。人物衣纹顿挫劲健，富于变化。本幅右上画家自题曰："西方圣人无遮教，豁来送佳儿，存心怜恤，智慧花开，聪明特达，曩从白衣观世音菩萨摩诃萨。"下钤印文不清。左下有款识："洪绶敬图于团栾居。"下钤"洪绶之印"、"章侯氏"二印。右下另钤有"布岁寅目"、"阿弥大佛弟子"等鉴藏印。

陈洪绶（1598～1652年），字章侯，号老莲，别号老迟，浙江诸暨人。善人物、山水、花鸟，风格特点鲜明。在形象的提炼上，既注重形体的夸张，又能表达出对象气质、神韵的高古。用线简洁质朴，强调线条的金石味。在艺术形象上，表现出追求怪诞的倾向。与山东莱阳崔子忠合称为南陈北崔。

215. 丁观鹏绘千手千眼观音像

清乾隆二十六年（1761年）

纵 111.8 横 56 厘米

　　纸本，设色。图绘千手千眼观音坐方形须弥座上，观音头束蓝色发髻，面相方圆，呈佛相特征，然眉目清秀，又带有女子的特点。千手，胸前有双手合掌，腹前双手结禅定印，另有双手举金佛于头顶，其余手分别持法轮、莲花、剑、锡杖、日、月等各种法器。所举之小金佛上端，化出左右两道云气，每道云气上方坐五小佛，象征十方诸佛。本幅左下画家自题："乾隆二十六年长至月，臣丁观鹏奉敕恭绘。"下钤"臣丁观鹏"、"恭画"二印；右下钤"宽蕴楼书画录"鉴藏印。左上钤"乾隆鉴赏"、"三希堂精鉴玺"、"宜子孙"印；右上钤"乾隆御览之宝"、"秘殿珠林"印。该图用笔精劲，赋色鲜丽、细腻，突出体积感，凸显了浓厚的宫廷特色。

　　丁观鹏，清乾隆时供奉南薰殿，善绘道释、人物，学其同宗丁云鹏笔，有出蓝之誉。

216. 永瑢绘观音像

<u>清乾隆五十一年至五十二年(1786～1787年)</u>
<u>纵 87 厘米 横 47.5 厘米</u>

　　纸本，墨笔。绘观音大士立于云端。观音头戴化佛宝冠，项佩璎珞，面容清秀，目视下方，双手交于胸前，左手执杨枝。采用白描手法，线条细劲繁密，突出衣服当风飘举之感，同时微以墨染，尤其是面部突出体积感，明显是受到西方造型观念的影响。右下题："乾隆丁未（1787年）三月皇六子敬写"，下钤"皇六子章"、"叩身基旅"印。图上皇十一子永瑆书经赞，题"乾隆五十一年（1786年）岁在丙午闰七月皇十一子书"，下钤"皇十一子"印。

水月深光云天弄景，贝叶一编，展普门品，转转不已，喃喃自喜。云何自持，反求诸己。右了庵禅师赞

217. 奚冈绘水月观音像

清嘉庆元年（1796年）

纵94厘米 横35.5厘米

纸本，墨笔。图绘观音坐于溪边石上。观音头梳高髻，面目刻画细致，神态专注地看着手上的贝叶，衣纹线条略显粗重，系从兰叶描演化而来，注意线条的粗细变化，并带有钉头鼠尾描的笔意。岩石用淡墨侧笔皴染而成，再以重墨提醒，身后及岩石下的竹叶用双钩的笔法来表现。左下画家自题曰："嘉庆丙辰（1796年）秋九月十有九日，白衣弟子奚冈合十敬写于冬花庵。"下钤"蒙泉外史"、"奚冈"印。画面右上题曰："水月溧光，云天弄景。贝叶一编，展普门品。转转不已，喃喃自喜。云何自持，反求诸己。右了庵禅师赞。"下钤"崧庵侍者"印，画面另钤有"徐邦达鉴定印"等鉴藏印多方。

据画史记载，水月观音系唐代周昉创制，之后在文人、民间都很流行，敦煌石窟和藏经洞出土绢纸画中即保存有多幅。该图在保留水月观音图样基础要素——观音、溪流、竹子的基础上，在观音坐姿、动态、笔墨表现手法和临溪的构图等方面都有创新。

奚冈（1746～1803年），初名钢，字铁生，一字纯章，又号萝龛，别署蒙道士、蒙泉外史、鹤渚生、散木居士等。原籍安徽新安（今歙县），寓钱塘，布衣终生。善篆刻，西泠八家之一。亦能绘山水、花卉、人物。山水虽属娄东一派，但有明代沈、文笔趣，又得力十李流芳。花卉有恽寿平气韵。

218. 千手千眼观音像

清乾隆

纵 75 厘米　横 49 厘米

　　布本，设色。观音十一面，身饰璎珞，下穿长裙，跣足直立莲花台上。中央双手合十于胸前，身后有千臂千眼，造型类似圆形背光。背面有白绫墨书汉、满、蒙、藏四种文字："乾隆二十六年十二月初四日，钦命章嘉胡土克图认看供奉画像千臂观世音菩萨一轴……"

219. 佛海观音像

<u>清乾隆</u>

<u>纵68厘米 横47厘米</u>

布本，设色。观音拥抱明妃，展立姿，戴五叶冠，耳后垂束发缯带，饰耳珰、手镯、臂钏、脚钏等，赤裸全身。左手持花，右手持珠，双手拥抱明妃。明妃左手执嘎巴拉碗，右手执嘎巴拉鼓。上界为大瑜伽行者弥陀罗、绰浦译师克主、克主绛贝嘉措。下界为大日如来金刚宝帐、智慧六臂大黑天、马头明王金刚。背面有白绫墨书汉、满、蒙、藏四种文字："乾隆四十八年十二月二十四日，钦命章嘉胡土克图认看供奉利益画像阳体佛海观世音菩萨……"

220. 如意观音像

清乾隆

纵 141 厘米　横 79 厘米

　　布本，设色。从水中涌出一朵莲花，开
敷为莲座，观音呈右舒式坐姿，右脚下踏小莲
花，右手呈与愿印，身体微微靠左倾斜，左手
支撑。一枝莲茎从左侧弯曲向上，于左肩开
敷为莲座。发结顶髻，身色雪白，面如童子。
袒上身，左肩披仁兽络腋。下著裙，裙边卷曲
飞扬。空界显现无量光佛。

　　此画像据档案记载为乾隆十二年正月
十一日从阐福寺移来的 24 轴唐卡中的一轴，
名曰如意观音。如意观音是观音的一种化身，
以拯救众生之苦，成就众生的愿望，赐予他们
的利益的一尊观音。原存养心殿西暖阁楼上
南一间西壁。

221．四臂观音像

<u>清乾隆</u>

<u>纵 66 厘米　横 45 厘米</u>

　　布本，设色。观音白色身，四臂，头戴宝冠，祖上身。胸前双手合十，右上手持珠，左上手持莲花，结跏趺坐于莲座上。上界是无量光佛和静息观音，下界是马头明王。

　　此观音唐卡一堂九轴，每尊画像下面有藏文榜题。背面有白绫，墨书汉、满、蒙、藏四种文字题记："乾隆四十五年八月初七日，班禅额尔德尼进丹书克供奉利益画像观世音菩萨"等字，并标有"中"、"右一"等位置字。

　　本幅排列序号为"中"。

222. 莲花舞自在观音像

清乾隆

纵 66 厘米　横 45 厘米

　　布本，设色。观音红色身，十八臂，头戴宝冠，袒上身，手皆持花，结跏趺坐于莲座上。上界是无量光佛和法金刚，下界是马头明王。排列序号为"右一"。

223. 权衡三界观音像

清乾隆

纵 66 厘米 横 45 厘米

　　布本，设色。观音红色身，头戴宝冠，袒上身，右手持金刚索，左手持钩，结跏趺坐于莲座上。上界是无量光佛和董必黑茹迦，下界是红面多闻天王。排列序号为"左一"。

224. 黑色观音像

清乾隆

纵 66 厘米 横 45 厘米

布本，设色。观音黑色身，五面十二臂。头戴骷髅冠，火焰赤发，左右手分别施期克印，持嘎布拉碗、骷髅杖、莲花、金刚钩、摩尼珠、绳、轮、金刚杵、弓、箭。站立在莲花台上。上界为金刚勇识和月幢菩萨，下界为百格扎。排列序号为"右二"。

225. 哈罗哈罗观音像

<u>清乾隆</u>

<u>纵 66 厘米 横 45 厘米</u>

　　布本，设色。观音白色双身，三面六臂。头戴宝冠，袒上身，腰束虎皮裙。手持弓、箭、珠、花，另两手分别施与愿印，拥抱明妃。右舒式坐姿，莲花座。上界为无量光佛和月称菩萨，下界为秘密成就阎王。排列序号为"左二"。

226. 哈里哈里罗世自在观音像

清乾隆

纵 66 厘米 横 45 厘米

布本，设色。观音白色身，头戴宝冠，袒上身，三面六臂。右侧一手上举，另二手持珠、施与愿印；左侧手持剑、兽、净瓶。坐在蓝色明王肩上。蓝色明王蹲立在大鹏鸟身上，大鹏鸟站在白狮背上，形式奇特。上界为说法祖师和无量光佛，下界为马头明王。排列序号为"右三"。

227. 虎皮裙观音像

<u>清乾隆</u>

<u>纵 66 厘米 横 45 厘米</u>

　　布本，设色。观音白色身，头戴宝冠，束三节发，祖上身，腰束虎皮裙。四臂，胸前双手合十，右上手持珠，左上手持莲花，结跏趺坐于莲座上。上界是无量光佛和至尊仲敦巴，下界为六臂大黑天。排列序号为"左三"。

228. 狮吼观音像

清乾隆

纵 66 厘米 横 45 厘米

布本，设色。观音白色身，三眼、面相寂静，高髻披发，袒上身，肩披仁兽皮，右手施与愿印，右舒坐于白狮上。上界为无量光佛和月幢菩萨，下界为六臂大黑天。排列序号为"右四"。

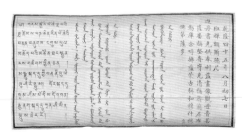

229. 不空羂索观音像

<u>清乾隆</u>

<u>纵66厘米　横45厘米</u>

　　布本，设色。观音白色身，十二臂，胸前右手结印，左手持花。右侧手持念珠、箭、镜、珠宝，施与愿印；左侧手持化城、三叉戟、弓、净瓶、金刚索，立于莲花台上。上界为愿勇士和重孜拉色杰，下界为黄岳帝主。排列序号为"左四"。

230. 金淑芳绣观音像

<u>明万历四十七年（1619 年）</u>

<u>纵 103 厘米 横 51 厘米</u>

　　此绣像是明万历己未年刺绣妙手金淑芳仿明代画家丁云鹏画风的刺绣作品。金淑芳以针代笔追摹原画稿神韵，以淡彩丝线绣观音和韦陀，针法繁复多至十余种，针脚细密平齐，力求摹仿工笔绘画工丽细腻的写真效果。如观音飘逸的发丝施以套针；手中的念珠施以齐针；韦陀的盔甲施以网针，并在针线下面衬片金，使盔甲有金属的光泽和质感；龙身施以刻鳞针，使其生动写实，呼之欲出；山石等写意部分施以套针，以丝线色度变化晕色渲染，针脚疏朗粗放；用滚针勾勒流云，自然流畅。题跋和款识用青色丝线绣制。

231. 顾绣观音像

<u>明末</u>

<u>纵 120 厘米 横 45 厘米</u>

这件作品在本色绫地上，彩绣人物、山石、云雾、树木、坡坨和花草等纹样，表现中国古代神话中诸仙朝拜观音的故事。作品采取单晕色的装饰方法，施以缠针、滚针、平金和钉线等针法绣制，然后用石绿、赭石和大红等色渲染。

此图与明代画家丁云鹏的画风十分接近，既留下线条舒卷的木刻版画痕迹，又带有"月光版"式构图的装饰风格。作品始终未作大面积铺绣，只在线条上运针勾描，使得画中人物在云雾衬托下，更具有"你方拜罢我登场"的穿行游动感。画上朱绣"虎头"和"仲子蓝生家女红"。此作品构图新颖，线条舒展流畅，绘绣搭配适宜，把顾绣半丝半彩的装饰手法充分表现出来。

232. 发绣观音像

<u>清康熙二十八年（1689 年）</u>

<u>纵 100.6 厘米 横 26 厘米</u>

此绣轴是在香色素绫地上以头发刺绣的观音像。观音面相祥和，一手持瓶，一手拈杨枝，姿态婀娜，纱衣轻飘。上方绣题及印章多有磨损，诗堂墨书《般若波罗蜜多心经》经文。

发绣是以头发代丝线而进行的刺绣，所绣作品多与宗教有关，其效果与绘画中的白描画有异曲同工之处，线条凸起，更具质感。此幅绣画，头发线条多有脱落，只剩墨稿，但仍可看出线条流畅，绣技高超。

潮音妙相　人天喜敬
绣以绞练　供养摩耶
嘉我　篇年康禧　瑞献
南山　彩灯慈竹
皇帝临敬赞

233．绣童子拜观音像

<u>清康熙</u>

<u>纵 91 厘米　横 38 厘米</u>

这件作品在香色缎地上，彩绣观音乘舟、大海和童子纹样，表现童子心怀虔诚向观音菩萨顶礼膜拜的场面。作品采取二至三色间晕与退晕相结合的装饰方法，施以平针、套针、打籽、平金等针法绣制。人物的衣纹垂带和海水，均以线条表现，舒卷飘逸，富有动感。观音面容安静慈祥。画上有清乾隆兵部右侍郎蒋楙墨题楷书四言敬赞诗，是其送给皇太后的一件寿礼。

此画深受明代画家丁云鹏的影响，并带有浓重的木刻韵味。

234. 蒋王氏绣观音像

清乾隆

纵 96 厘米　横 52 厘米

这件作品在湖色缎地上，彩绣观音菩萨及鹦鹉衔念珠纹样，人物形象生动安详。作品采取单色间晕的装饰方法，施以平针、套针、缠针、网绣、钉线、平金等针法绣制，人物的头发及眉眼作着色点染。纹样基本以工笔淡彩线条构成，具有单纯洗练、朴素自然的装饰效果。对鹦鹉的表现最见其刺绣功力，运针平齐细密，层次丰富，水路清晰，把鹦鹉的神态、动感刻画得细致入微、逼真传神。钤朱印"乾隆御览之宝"、"三希堂精鉴玺"、"秘殿珠林"、"乾隆鉴赏"、"宜子孙"等。

此像颇似明代仕女画家仇英笔下那种秀雅纤丽的兰叶描风格。据内府著录，此作品由大学士蒋溥之妻王氏绣制，绣线劈丝纤细，线条舒卷流畅，深得乾隆帝的喜爱，是一件不可多得的清宫旧藏刺绣佳作。

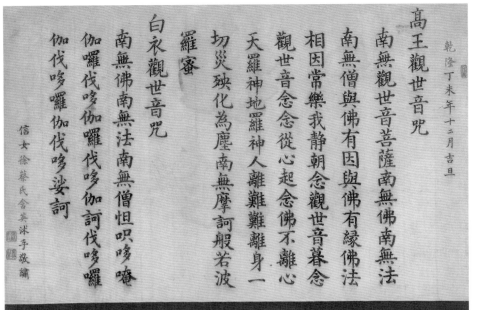

235．蓝缎本彩绣观音像

清乾隆五十二年（1787 年）

纵 125.7 厘米　横 66.4 厘米

观音左手持瓶，右手拈杨枝，结跏趺坐于莲花座中，一只鹦鹉口衔佛珠飞向观音菩萨。诗堂绣："乾隆丁未年十二月吉旦"和《高王观世音咒》、《白衣观世音咒》，落款"信女徐蔡氏含英沐手敬绣"，印章三枚。

它采用套针、滚针、打籽针、缠针等针法刺绣而成，绣法细腻，绣针准确，丝丝入微。不仅如此，它还采用了苏绣传统的刺绣留水路的方式，巧妙地表现衣服线条及褶皱。

蓝缎彩绣观音像，原为镜心，后装裱成轴。是典型的清代苏州刺绣。

236. 露香园绣童子拜观音像

清

纵 27 厘米 横 24 厘米

此图为图册第十五开，观音身穿白衣，结跏趺坐，旁有净瓶。善财童子在一旁参拜。墨书"佛弟子赵墉拜供"，绣"墉"印一方。末开墨书《般若波罗蜜多心经》经文，绣"露香园"和"糜公"印各一方。

画面运用套针（包括平套针、散套针和集套针），齐针（包括横缠针、直缠针和斜缠针）、滚针、接针、钉针、盘金、平金、抢针、编针、网针、鸡毛针、打籽、刻鳞针等十几种针法绣制，辅以石青、石绿和赭石等颜料皴擦点染。配色丰富精妙，有金黄、缃黄、驼黄、朱红、粉红、橘红、宝蓝、深蓝、月白、草绿、果绿、棕色、褐色、葡灰等二十余种色线。

此图册所绣人物众多，衣饰、姿态和神情各不相同，造型夸张，生动有致，类似晚明丁云鹏、吴彬的工笔人物画风格。是顾绣针法和色彩运用的集大成者，充分展示了顾绣劈丝纤细，针法多变，配色和谐，绣画结合等特点，是技艺精湛的刺绣艺术杰作。

237. 缂丝加绣千手千眼观音像

清乾隆

纵 147 厘米　横 60 厘米

　　观音身著珠宝璎珞装饰的天衣彩裙，立于五彩祥云中的莲台之上，身后背光辉映，头上华盖笼罩，供拜礼敬阿弥陀佛。观音身两侧各 21 只手，或持法器，或结手印，为汉地千手观音形象。观音又身披仁兽皮，此为藏传佛教影响之痕迹。钤“秘殿珠林”、“秘殿新编”、“珠林重定”、“三希堂精鉴玺”、“宜子孙”、“乾清宫鉴藏宝”、“太上皇帝之宝”、“乾隆御览之宝”、“乾隆鉴赏”、“宣统御览之宝”十玺。

　　画幅运用齐缂、缂金、构缂等技法缂织人物及其衣饰，观音之帔帛则用缂线钉绣，表现出轻纱的质感和透明感，同时在某些细部以敷彩、敷金等绘画手法表现出缂、绣难以达到的效果，堪称乾隆时期缂丝加绣艺术的优秀代表作。

238. 缂丝四臂观音像

<u>清乾隆</u>

<u>纵 231 厘米　横 82.5 厘米</u>

　　观音菩萨面相祥和，头戴宝冠，身饰璎珞，四臂分别持珠、持花、双手合十姿态，结跏趺坐于莲花座中。画面上方缂织梵文观音种子字，即六字真言，下方缂织藏文祝词："昼吉祥，夜吉祥，昼夜恒吉祥，依靠三宝得吉祥"，并钤有"太上皇帝之宝"、"乾隆御览之宝"、"乾隆鉴赏"、"乾清宫鉴藏宝"、"宣统御览之宝"、"三希堂精鉴玺"、"宜子孙"、"秘殿珠林"、"珠林重定"、"秘殿新编"等十枚印章。

　　四臂观音菩萨像运用缂丝技法织成，采用平缂、构缂、缂金等技法，缂工精细，色彩明快，晕色自如，缂织技法犹如绘画中晕色画法般娴熟。画心四周以白色缂丝缠枝勾莲纹和蓝色缂丝云凤纹做装裱，可见这件作品无论是缂工还是装裱均极其讲究。

239. 满绣观音像

清乾隆

纵 46.5 厘米 横 34.6 厘米

　　观音棕黄色身,佩璎珞,袒上身。头戴宝冠,面相祥和,左手持花,右手施与愿印,结跏趺坐于莲花座中。四角分饰有蓝身、黄身、白身、绿身四位菩萨。背面有白绫墨书汉、满、蒙、藏四体文,题:"乾隆四十二年四月初三日,钦命阿旺班珠尔胡土克图认看供奉利益绣像观世音菩萨,番称坚赍资克,清称积阑尼布勒库赊拂萨,蒙古称和穆施穆博第萨多。左二。"

　　观音菩萨像是运用满绣的技法刺绣而成,采用套针、缠针、平金、钉针等绣法,色彩鲜艳,绣法精湛,微小部位着笔点染。画心四周采用织绣唐卡传统的装裱手法,一圈红色织金寿字缎边及一圈绿色织金缎边的装饰,使得绣品富丽堂皇。由于满绣不露地料,比起绘画作品更具较强的立体感。

240. 满绣观音像

<u>清乾隆</u>

<u>纵 46.5 厘米 横 34.6 厘米</u>

　　本幅与 239 图"满绣观音像"的尺寸大小、织造方法等一样，只是观音身体的颜色不同，此为红色。故宫还存有褐色观音的同样作品，这些作品很可能为一组，供奉在某个佛堂内，不同颜色的具体含义尚有待研究。

241. 满绣千手千眼观音像

清乾隆

纵 75 厘米　横 50 厘米

　　这件作品在本色缎地上，满地彩绣千手千眼观音像。画中观音乘莲花座，上方端坐释迦牟尼等佛；下面左右各饰宗喀巴和达赖喇嘛，间以彩云、树木及坡坨等纹样。后缀白绫墨书汉、满、蒙、藏四种文字："乾隆四十五年四月二十日，钦命章嘉胡土克图认看供奉利益绣像十一面观世音菩萨，番称坚赞资克珠智克沙尔，清称专额穆德楞额济兰尼布勒库赊呼拂萨，蒙古称阿呼班尼根尼果呼图和穆什穆博第萨哆。"

　　作品采取二至三色间晕与退晕相结合的装饰方法，施以平针、抢针、套针、缉线、平金、缠针、钉线等多种针法绣制，局部用淡绿等色晕染点苔。

　　满绣是刺绣画中工艺最繁复的一种装饰手法，它不仅要求制作者具有丰富的实践经验，还必须掌握各种各样的刺绣技法。在绣制时，除了需要准确表达画意外，还要保证画面的平整、绣线的疏密和不露绣地。此画以重彩工笔设色，通过数十种色丝的搭配，把画中人物的形态细腻地表现出来。刺绣者成功地控制了水路的变化，使得观音的千只长臂分外醒目。此作品构图丰满，设色艳丽，绣工精湛，炉火纯青，它不但代表了清代满绣的最高水平，也表现出藏传佛教唐卡的独特艺术魅力。

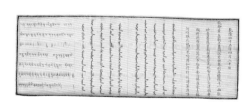

242. 锦边绣千手千眼观音像

清乾隆

纵 145 厘米 横 85 厘米

立像，站在莲花台上，十一面，身色白色。正中三面呈菩萨慈悲相，代表宝部；左右三面作寂静相，代表莲花部；最上一面为阿弥陀佛，代表佛部；下承金刚忿怒相，代表金刚部。十一面观音以正中白色慈悲相为主面。前有八臂，胸前双手合十，右一呈与愿印，右二执轮，右三执念珠，左一执瓶，左二执弓箭，左三执莲花。身后为千手千眼，呈扇形。千手表示护持众生，千眼表示观照世间。白云呈人字形，把画面分成空界和地界，空界正中有宝盖护佑，两侧佛尊显现，左起上行为阿闷佛、释迦牟尼佛、毗卢佛、宝生佛，第二行为阿弥陀佛、不空成就佛。下界显现黄教祖师宗喀巴和仲敦巴。

此绣像唐卡采用平绣、平金、套针、钉线、缠钉等针法，细部着笔点染。背面白绫签四体文："乾隆四十三年四月二十四日，钦命章嘉胡土克图认看供奉利益绣像十一面观世音菩萨，番称嘉赉咨克卓济克沙尔，清称专额穆德楞额积阑呢布勒库睑呼拂萨，蒙古称阿呼班呢根呢郭呼图和穆施穆博第萨多。"黄条："此样一轴，佛日楼。"原藏佛日楼。

图版索引